LE

MOUVEMENT SOCIALISTE

ET

L'ÉCONOMIE POLITIQUE

GENÈVE — IMPRIMERIE RAMBOZ ET SCHUCHARDT.

LE

MOUVEMENT SOCIALISTE

ET

L'ÉCONOMIE POLITIQUE

RÉSUMÉ D'UN COURS PUBLIC
FAIT A LYON

SOUS LES AUSPICES DE LA CHAMBRE DE COMMERCE
ET DE LA SOCIÉTÉ D'ÉCONOMIE POLITIQUE

PAR

H. DAMETH
Professeur d'économie politique à l'Académie de Genève

PARIS
GUILLAUMIN & Cie, LIBRAIRES-ÉDITEURS, 14, RUE RICHELIEU
LYON
LIBRAIRIE DENIS, RUE IMPÉRIALE

1869

A MES AUDITEURS LYONNAIS

Les entretiens que résume cet opuscule correspondaient trop à l'une des préoccupations actuelles de l'esprit public pour ne pas exciter de l'intérêt.

Cet intérêt s'est manifesté par une affluence constante d'auditeurs de toute classe, et par le soin qu'ont pris plusieurs journaux de Lyon, le *Salut public,* le *Progrès,* la *Discussion*, d'analyser chaque séance du cours. Enfin la Chambre de commerce et la Société d'économie politique ont témoigné le désir qu'il fût imprimé, et se sont chargées de subvenir aux frais de la publication.

C'était un honneur pour moi de déférer à ce

désir. Seulement, comme il m'était à peu près impossible, en suite de diverses circonstances, de fournir la reproduction complète du cours, j'ai dû me borner à une sorte d'extrait, sacrifiant tout ce qui était développements et forme au calque exact et, par là même, un peu sec du fond des idées.

J'ai donc besoin de placer cette petite publication sous le patronage bienveillant de mes auditeurs. Elle pourra du moins leur servir, à eux, de mémorial. Peut-être même y trouveront-ils un point d'appui pour soutenir la cause de conciliation et de vrai progrès social qu'il importe si fort, aujourd'hui, à tous les bons citoyens de faire prévaloir.

H. DAMETH.

Genève, 1er juillet 1869.

AVANT-PROPOS

L'étude des questions économiques est l'une des premières nécessités de notre temps.

Ces questions tiennent à tout dans la vie publique et dans la privée. Sauvegarder les intérêts matériels ne constitue point l'unique mission de l'Etat, cependant il n'en a pas de plus directe. Or, le suffrage universel une fois instauré, tout le monde a prise sur le gouvernement. Il faut donc que tout le monde sache ce que doit faire l'Etat et ce qu'il ne doit pas faire.

D'autre part, la conduite de ses propres affaires impose à chacun, outre l'intelligence de son métier, une certaine entente des affaires générales et même une certaine concordance d'action avec elles, car nous avons besoin les uns des autres et nul ne peut se soustraire à la solidarité de destin qui en résulte. Il est donc, logiquement, nécessaire qu'un même esprit anime et gouverne tout le mouvement.

Combien nous sommes loin encore d'un pareil concert !... Quelle divergence de principes et quelle incohérence de directions pratiques on voit partout prévaloir ! Ainsi s'éternise l'empire des préjugés et de la routine.

Le courant est si fort que ceux mêmes qui savent et comprennent, sont entraînés, submergés. Loin de pouvoir faire accepter leur idées, ils se voient bien souvent réduits à l'impuissance d'en user pour leur propre compte. Ils parlent une langue inconnue. On les raille ; on détourne la tête. L'opinion générale est contre eux.

Comment s'étonner ensuite de l'hostilité funeste à laquelle, malgré tous les progrès accomplis dans le sens de la pacification et de l'équité sociales, le monde des intérêts continue d'être en proie ? De ce parti-pris d'opposition et de nuisance mutuelles qui neutralise encore, dans une si large mesure, l'activité commune, quand il ne fait pas tourner contre tous les efforts de tous ? qui, en haut comme en bas, rend stériles les indications les plus sûres de l'expérience universelle ?

Beaucoup de gens s'imaginent que les fausses théories ne se rencontrent que chez la foule illettrée. Hélas, il ne s'en trouve guère moins chez les lettrés ; et l'aveuglement systématique y est peut-être encore plus grand.

Nous croyons n'avoir jamais assez de blâme ou de dédain pour les affirmations erronées qui se font jour dans les congrès populaires; mais qu'une discussion de l'ordre économique s'engage dans les grandes assemblées officielles, et nous y entendons maint orateur éminent professer, aux applaudissements de la majorité, des principes qu'un ouvrier de bon sens repousserait.

Prenons un exemple. On reproche à la classe ouvrière ses tendances à la réglementation par voie autoritaire et son exclusivisme corporatif, et l'on ne voit pas que les chefs d'industrie et les propriétaires obéissent aux mêmes tendances quand ils luttent pour le maintien des priviléges légaux et du protectionisme. Les premiers ont en vue des garanties relatives au salaire et aux moyens de subsistance ; les seconds demandent, sous la spécieuse formule de *prix rémunérateur*, tout simplement la certitude des profits. Mais, dans un cas comme dans l'autre, ne s'agit-il pas de sacrifier la liberté des contrats ou des échanges au triomphe d'une catégorie d'intérêts spéciaux, de substituer un mode arbitraire de répartition des richesses à la répartition de droit commun, ou, pour appeler les choses par leur nom, de prendre aux uns ce qui leur appartient pour donner aux autres ce qui ne leur appartient pas. « Seulement, comme dit Bastiat, d'un côté, il s'agit de prendre aux riches pour donner aux pauvres, de l'autre, il s'agit de prendre aux pauvres pour donner aux riches. Lequel vous semble le plus injuste? »

Eh bien, notre économie sociale est encore tout infectée de ces passe-droits, de ces faveurs individuelles ou collectives, de ces monopoles patents ou déguisés, qui en vicient le mécanisme et font méconnaître son harmonie native. Certes il faudrait à l'homme vivant péniblement du travail de chaque jour une remarquable dose de rectitude d'esprit et d'élévation morale pour ne pas chercher son bien dans les voies où le cherchent des hommes en possession de toutes les supériorités naturelles et acquises.. Disons tout. En présence des aberrations du capitalisme à travers les régions de l'intrigue, du favoritisme, de la spéculation improductive, de l'agiotage, etc., peut-on reprocher bien vivement à d'humbles salariés de subir l'ascendant de doctrines utopiques semblant donner satisfaction, du même coup, à leurs intérêts propres et aux plus grandioses aspirations de la démocratie moderne?

D'ailleurs, on doit le reconnaître, les doctrines dont il sagit s'appuient sur une critique parfois juste et toujours saisissante des vices et des misères de l'ordre social. Conséquemment, si la pierre de touche pour discerner les vices réels des vices imaginaires, le mal inné du mal guérissable, fait défaut, ne se sent-on pas comme gagné d'avance à toute théoric paraissant émaner des principes contraires à ceux qui prévalent dans l'état de choses existant?... La variété et l'antagonisme mutuel de ces théories devraient sans doute mettre en garde contre elles — car le vrai ne saurait être multiple — mais leur accord dans la négation suffit aux esprits prévenus. Le reste est affaire de tempérament, de portée intellectuelle, de milieu.

II

Ces considérations font ressortir le caractère de nécessité qui s'attache de plus en plus à la vulgarisation des idées économiques. Mais elles montrent aussi que cette valgarisation n'est point l'œuvre d'un jour et ne saurait être suffisamment obtenue par des enseignements du genre de ceux qu'on daigne enfin lui consacrer dans notre pays. Précieux appel à la réflexion et à l'étude, un cours public fait entrevoir la solution des problèmes plutôt qu'il ne la donne. Il ouvre l'esprit, dissipe les préventions, redresse le jugement; il ne pénètre pas jusqu'à ce fond intime où s'élaborent nos convictions premières, où l'intelligence prend acte vis-à-vis d'elle-même de ce qui lui est définitivement prouvé.

En d'autres termes, l'acquisition de toute science exige un plan d'étude, une méthode, un travail suivi, choses presque inconciliables avec la simple exposition orale, qui doit résumer les questions à grands traits, décrire et conclure sommairement plus que démontrer, qui s'adresse enfin à des esprits très-inégalement préparés et disposés.

Non, aucune connaissance effective ne s'obtient aussi aisément. Aurions-nous de vrais jurisconsultes si l'étude du droit se réduisait à un cours suivi en amateur ? Or, croit-on que la science économique soit moins sérieuse ou moins vaste que la science du droit ? En réalité, le droit lui-même, ramené à ses véritables bases, repose presqu'entièrement sur l'analyse des phénomènes de l'économie sociale. On commence à peine de s'en apercevoir; mais le temps viendra où cette dernière étude sera le pivot de toute l'éducation civique.

Il y a une autre raison qui rend le cours public d'économie politique insuffisant, c'est qu'il vient se heurter à des opinions faites, à des jugements préconçues. Les sujets qu'on y traite correspondant précisément à ce qui forme l'essence des préocupations quotidiennes de tout le monde, il ne peut manquer d'arriver qu'en pareille matière chacun se soit fait, de longue date, une manière de voir. Pour l'immense majorité, c'est la logique des intérêts apparents, l'esprit de classe, la position sociale qui détermine cette manière de voir. On s'y attache et on s'en passionne d'autant plus qu'elle est plus exclusive, qu'elle offre mieux carrière à l'ambition personnelle ou au sentiment. Combien l'enseignement oral a peu de prise sur ces dispositions ! Il ne fructifie qu'à ceux qui étaient convertis d'avance ; les autres se raidissent contre ce qu'ils entendent, et, en somme, chaque auditeur n'approuve guère que ce qui vient en confirmation de sa propre pensée.

A cela un seul remède existe : l'initiation antérieure au préjugé, c'est-à-dire l'enseignement de l'école, reçu à cet âge où l'esprit est encore libre, où la volonté ne subit encore aucune attache de doctrine ou de parti.

Et qu'on veuille bien y prendre garde : la nécessité de cette initiation préalable ne s'arrête point aux limites de telle ou telle classe sociale ; elle est commune à toutes. Mais elle prend un degré supérieur d'urgence pour cette partie de la jeunesse qui doit fournir à la production économique ses vaillantes et nombreuses légions. Le monde du loisir peut toujours combler après coup les lacunes de l'instruction première. Le monde du travail, enchaîné à l'œuvre de chaque heure, ne le peut pas. L'étude théorique ne lui est plus accessible que comme moyen de distraction. Il vit donc fatalement sur les idées et, à défaut d'idées, sur les préjugés reçus. Nous savons où cela conduit.

Or, quelles sont les écoles où l'organisation économique de la société est dévoilée, expliquée à la jeunesse ? « On nous apprend tout, disait Pascal, si ce n'est à être des honnêtes gens. » Il faudrait ajouter « et à vivre en hommes, » c'est-à-dire à pratiquer sciemment entre nous la loi de sociabilité naturelle qui soutient seule notre existence, la loi sainte de l'échange.

Nous avons des académies, des lycés, de hauts enseignements industriels, des classes primaires. Nulle part, pour ainsi dire, l'économie politique, cette synthese de toutes les études positives, leur principe commun d'application, leur philosophie pratique, nulle part l'économie politique n'a encore sa place.

Résignons-nous donc à voir les plus folles utopies et les plus dangereux parodoxes conserver indéfiniment un large et facile accès sur l'esprit des masses et même sur celui de bien des hommes possédant une culture générale. Et l'entrainement serait encore plus grand, si le socialisme ne menaçait pas tant d'intérêts, ne montait pas à l'assaut, en quelque sorte, de toutes les positions acquises. Les résistances qu'il suscite se proportionnent aux dommages matériels qu'il fait craindre. Rien de plus naturel, à coup sûr. Mais ne lui reste-t-il pas la ressource de dire que tous les régimes passés et condamnés ont offert successivement le même genre de résistances ?...

A la science seule il appartient de vaincre l'erreur. C'est donc entre elle et le socialisme qu'est tout le débat.

Mais qui dit science, dit étude calme, sereine, inaccessible aux suggestions de l'intérêt privé et aux entraînements de la passion. La science, c'est l'observation des faits, sans idée préconçue ; c'est la recherche infatigable du vrai, pour lui-même, toute considération de personne écartée, tout désir de donner gain de cause à une opinion quelconque, tout esprit de système, en un mot, impitoyablement rejeté.

Mettons donc d'abord de côté nos défiances et nos préventions mutuelles. Soyons unis du moins par la pureté des intentions et par le souci de bien faire.

Celui qui parle ici n'hésite pas à le déclarer : il tient les utopies sociales pour généreuses dans leurs aspirations, et comme susceptibles d'inspirer d'honnêtes dévouements. Pourrait-il même penser autrement, après avoir été, pendant sa jeunesse, l'adepte zélé d'une de ces doctrines ? Le témoignage qu'il se rend de sa propre sincérité d'autrefois ne lui permet point de mettre en doute la sincérité des autres aujourd'hui.

D'ailleurs une pareille situation morale est celle de la plupart des hommes de cette génération, de ceux du moins qui ont ressenti la fièvre des idées. Combien d'économistes surtout sont dans ce cas !..

Mais pourquoi avoir changé, dira-t-on ? Est-ce par ambition ou par amour du lucre ?

L'imputation aurait une apparence de justesse si la science économique avait été jusqu'ici en faveur; s'il y eût eu profit certain à la cultiver. Le dédain des grands et la haine des petits, voilà le genre de récompense qu'elle a le plus souvent procuré. Elle n'a constitué, jusqu'à l'heure présente, qu'un laborieux apostolat. On commence à lui rendre mieux justice, il est vrai; on n'étouffe plus sa voix; mais il se passera encore bien des années probablement avant que la profession d'économiste équivaille, au point de vue des avantages matériels, à toute autre profession lettrée.

Avoir passé du socialisme à l'économie politique n'exprime donc qu'une chose : le redressement de l'esprit par l'étude, l'investigation scientifique substituée aux élans de l'imagination et du sentiment. Quiconque prendra la même route arrivera au même but.

Ce qu'il importe de conserver toujours, ce n'est pas telle ou telle opinion — à ce prix il n'y aurait ni avancement individuel ni progrès social — c'est l'indépendance morale et l'amour du bien. Perdre la foi aux théories absolues, ce n'est point prendre son parti du mal existant ni déserter la cause de ceux qui souffrent. Le dévouement à cette noble cause se retrempe, au contraire, dans les sévères travaux de l'analyse, et son énergie s'accroît en raison de la certitude des principes qu'il y puise.

PREMIÈRE SÉANCE

Vue générale du mouvement socialiste actuel.

Pendant les années qui suivirent immédiatement la période révolutionnaire de 1848, le socialisme paraissait épuisé ou délaissé. Il avait, croyait-on, abdiqué entre les mains de l'association coopérative.

Ce n'était qu'un assoupissement. Le régime de compression qu'il lui a fallu subir semble avoir ranimé ses forces, et, au premier souffle de liberté, il a surgi de nouveau, aussi confiant dans ses illusions, aussi résolu, si ce n'est plus, à l'emploi des moyens extrêmes.

Du reste, on ne saurait s'en étonner beaucoup. Disons mieux : on devait s'y attendre. Etant donné le développement rationnel, politique et économique de notre temps, ce qu'on nomme la question sociale constituera un indestructible ferment d'agitation et de luttes, tant que la lumière ne sera pas faite sur cette question dans la conscience et dans l'esprit publics. Les leçons de l'expérience, en pareil cas, ne portent pas loin. Si l'ignorance persiste, c'est toujours à recommencer.

Il y a toutefois des différences notables entre le socialisme d'aujourd'hui et celui d'autrefois.

A l'origine, le zèle de rénovation sociale s'affirma par l'éclosion de doctrines utopiques qui eurent pour berceau et pour foyer de propagande des *écoles*. De plus, c'était principalement dans le monde lettré que s'opérait le recrutement des adeptes. Le Saint-Simonisme comptait nombre de savants parmi les siens. La grande majorité des Fouriéristes appartenait aux professions libérales. On aurait pu croire que l'ardente polémique du Proudhonisme contre la propriété et le capital et même contre l'aristocratie du talent n'avait de chance de succès qu'auprès du prolétariat; mais les idées et le langage étaient trop subtiles pour en être compris et, provisoirement, le débat se poursuivait à son profit, sans qu'il y pût prendre part. Enfin il ne faut pas oublier que si le Communisme, grâce à la simplicité sentimentale de ses plans organiques, trouvait son champ naturel d'expansion dans les masses populaires, ses théoriciens étaient des idéologues de haut bord et ses principaux chefs des personnalités politiques plus ou moins saillantes.

En résumé, le mouvement socialiste partit de la bourgeoisie et grandit sous ses auspices. Maintenant la situation s'est transformée. Les doctrines utopiques ont perdu, de ce côté, à peu près toute force de prosélytisme. Elles y sont comme percées à jour; une opposition de plus en plus tranchée s'accuse entre elles et le courant libéral qui exprime les tendances du monde éclairé. Le langage presque unanime de la presse quotidienne en fait foi.

Le nouveau socialisme compte donc infiniment moins d'adhérents dans les hautes classes que l'ancien. Si quelques bourgeois prennent ou acceptent encore la qualification de socialistes, c'est par l'effet d'un malentendu, qui ne les préserve pas des suspicions inherentes à leur originc, à moins qu'une aveugle soif de popularité ne les fasse prêts à tout. Par contre, il se propage comme un incendie dans le salariat inférieur des villes et surtout des grands centres de production manufacturière. Les populations rurales sont restées jusqu'ici hors des atteintes de la propagande.

Il résulte de là que les questions de doctrine générale cèdent le pas, dans le mouvement actuel, aux mesures d'application immédiate.

Ce dont il sagit essentiellement, c'est de marcher au but. — Quel est ce but?

— La révolution sociale, c'est-à-dire l'éviction de la bourgeoisie du rang qu'elle occupe, au point de vue de la fortune et de la hiérarchie économique ou, en d'autres termes, un nivellement absolu des conditions.

C'est ce que mettent en pleine lumière les discours et les actes de ces puissantes coalitions que nous voyons se former et s'étendre, depuis quelques années, par toute l'Europe, telles que les *trade's unions* anglaises, *l'Association internationale des travailleurs*, *la Société générale des ouvriers allemands*, etc. Le rôle avoué de ces coalitions est d'enrôler et de discipliner la totalité des ouvriers de main-d'œuvre du monde civilisé, pour une lutte décisive et universelle contre le capitalisme et le patronat.

La gravité d'une telle situation saute aux yeux. Bien que, par rapport à l'ensemble du corps social, le prolétariat industriel ne représente qu'une minorité, le refus systématique de concours et, à plus forte raison, l'hostilité ouverte de cette minorité constitue un péril sérieux pour la société entière. Dans l'ordre économique, elle va droit au bouleversement et à la décadence de l'industrie ; sans parler des collisions partielles qu'un antagonisme, organisé ainsi, ne peut manquer de produire et de tous les désastres qu'elles traîneraient à leur suite. Mais c'est plus encore. Tous les intérêts sont menacés de proscription; toutes les classes qui tirent leurs ressources d'autre part que du travail de main d'œuvre, sont englobées dans le projet de déchéance. C'est, en un mot, comme l'annonce d'une sorte de 93 contre ce que le socialisme d'aujourd'hui appelle les priviléges de l'éducation et de la richesse !

On comprend, devant une telle perspective, les terreurs de la bourgeoisie. Se sentant, pour ainsi dire, à la merci d'un coup de main, d'une guerre de barricades — les combats de juin en disent assez là-dessus — elle a déjà, une fois, sacrifié la liberté politique plutôt que de courir les risques d'une démocratie sociale. Elle finira par se rejeter tout à fait dans les bras du passé et par reconstituer les vieux pouvoirs, s'il lui faut subir longtemps de pareilles angoisses.

Cependant l'esprit socialiste ne tient aucun compte de tout cela, ni des mécomptes qu'il a éprouvés lui-même. Il poursuit avec plus de confiance que jamais la réalisation de ses espérances et les proclame à ciel ouvert. Il redouble chaque jour de violence dans son langage. Il annonce l'heure du cataclysme.

Pour en venir à de telles extrémités, il faut, non-seulement se croire en possession d'une grande force matérielle, mais encore avoir pleinement foi à la justice de ses réclamations et à l'excellence de ses idées. N'attribuer tant d'efforts qu'à des ressentiments et à des convoitises serait indigne d'un esprit sérieux. Si peu philosophes et si peu économistes que soient les promoteurs du mouvement, ils marchent donc vers un idéal de sociabilité, ils ont en vue un type d'organisation, considéré, à tort ou à raison, par eux, comme préférable à l'organisation présente et surtout comme devant guérir les souffrances trop réelles du prolétariat.

Cette observation nous ramène aux théories de la première époque, qui avaient en effet pour commune formule « l'amélioration du sort des classes les plus nombreuses et les plus pauvres. » Ces théories ont succombé sous leur contradiction mutuelle et sous leur impuissance pratique, non moins que sous les coups de la critique. Mais le salariat en appelle de leur condamnation et prend en mains ce qui lui semble être sa propre cause. Le droit, abstraction faite de la question des voies et moyens, est indéniable, et l'entreprise mérite le plus impartial examen.

II

Considérons bien d'abord l'état présent des choses. Nous avons fait, il y a moins d'un siècle, la révolution la plus puissante et la plus radicale de l'histoire; nous avons tout renouvelé : institutions, gouvernements, lois, mœurs. Nous avons fondé le règne du droit commun sur les ruines de toute tyrannie profane ou sacrée. La production générale s'accroît merveilleusement. Les priviléges qui viciaient autrefois la répartition des richesses ont été, en très-majeure partie, supprimés. Eh bien, l'esprit novateur tient tout cela en mépris. Il déclare que l'asservissement d'une partie de la société à l'autre continue; que la misère va s'accroissant; qu'il y a autant et plus que jamais exploitation et spoliation; qu'en un mot la société est malade, perdue, inviable; qu'il faut tout changer à nouveau, tout refaire de la base au sommet!

Qu'est-ce à dire? Le progrès moderne aurait-il fait fausse route?... La destinée humaine serait-elle le jouet d'une malfaisante hallucination?... Notre civilisation démocratique ne serait-elle pas la fille légitime du travail des siècles, le suc de toutes les civilisations antérieures?

On voit l'importance du sujet. Il y a là une nouvelle philosophie de l'histoire se dressant, pour ainsi dire, contre celle dont les conclusions semblaient irrévocables; il y a une conception de la vie sociale, de la liberté, de l'égalité et du droit, arguant de mensonge et de stérilité celle qui représentait, à nos yeux, les conquêtes du passé et les espérances de l'avenir.

Jamais l'esprit humain n'eut plus besoin de se recueillir et de scruter les voies où il marche!

DEUXIÈME SÉANCE

Nature et raison d'être générales du socialisme.

Notre but principal, dans ces entretiens, est de mettre en présence le socialisme et l'économie politique, afin qu'on puisse apprécier la valeur relative des solutions fournies, par l'un et par l'autre, aux divers problèmes qui reçoivent le nom collectif de QUESTION SOCIALE.

Voici le premier résultat de cette comparaison.

L'économie politique accepte les faits existants, non sans contrôle ni réserves, mais à titre de point de départ. Elle estime que les bases de l'ordre économico-social sont trouvées et posées, et que l'œuvre du progrès doit consister à améliorer ce qui est, à développer ce que contiennent en germe les principes consacrés par la civilisation moderne.

Le socialisme part, au contraire, de la négation de ces faits et de ces principes. Il trouve les premiers subversifs, calamiteux, anormaux ; les seconds erronés et iniques. Conséquemment le socialisme prend sa force d'impulsion dans certaines idées préconçues, tant critiques que dogmatiques, d'où il tire les matériaux de construction d'une nouvelle économie sociale encore à créer.

Cette différence radicale de point de vue entraîne une différence analogue de méthode d'étude. Pour connaître l'économie politique, il faut la suivre dans l'examen des faits existants et remonter par induction des faits aux principes. Pour connaître le socialisme il faut apprécier ses idées et sa théorie d'organisation.

Mais cette théorie n'est pas une. Elle revêt des formes variées ; elle donne le jour à des doctrines nombreuses, diverses et même contradictoires entre elles. Ce qui signifie que, dans le mouvement socialiste, il y a accord pour détruire, manque d'entente pour la reconstruction.

Il faudrait donc étudier tour à tour chaque doctrine. Grosse et longue affaire. Encore ne parviendrions-nous point ainsi à une conclusion générale. Il est toujours possible d'ajouter doctrine à doctrine, et chaque inventeur de sytème récuse tout naturellement la sentence portée contre les systèmes d'autrui. Mais la besogne serait bien simplifiée si l'on arrivait à constater entre toutes les doctrines un lien, un fond, un principe d'origine et de formation commun? Si l'on saisissait nettement les traits fondamentaux de l'esprit socialiste et ses caractères essentiels.

Pourquoi n'y réussirait-on pas? L'appellation commune de « socialistes » donnée à des doctrines très-dissemblables et acceptée par elles, implique évidemment une certaine identité d'essence. Mettre en relief cette identité, ce sera découvrir, ce sera sonder la source initiale de toutes les doctrines. Il suffira ensuite d'une détermination précise des principaux courants pour comprendre la portée réelle ou possible du mouvement total.

Quelle est d'abord la raison d'être générale du socialisme? — A cet égard, pas d'embarras ni de dissentiment. Toutes les écoles s'uniront pour répondre: « c'est, d'une part, le mal social, c'est-à-dire l'effroyable légion de vices, d'iniquités, de souffrances qui affecte, qui dévore, le corps social; c'est, d'autre part, le désir, l'effort, la lutte pour y porter efficacement remède. »

Voilà, sans aucun doute, les premiers éléments de la question. Et l'on ne saurait, non plus, contester ni l'existence du mal social, ainsi défini, ni la générosité des sentiments qui poussent à lui chercher un décisif remède.

Cependant, il est bon d'observer que ce ne sont pas là choses nouvelles. Le mal social est aussi vieux que la société elle-même et pareillement la lutte contre lui. Toutes les générations, tous les siècles ont eu leur part de l'un et de l'autre, et le résultat de ces efforts constants contre le mal s'appelle PROGRÈS.

Faisons un pas de plus. Comment le socialisme caractérise-t-il le mal social ? — Principalement par l'inégalité des conditions, par l'extrême différence qu'offre le sort de classes pauvres, qui forment encore la majorité du corps social, avec celui des classes riches, qui n'en représentent qu'une faible minorité. Il voit, d'un côté, insuffisance des moyens de vivre, labeur incessant et douloureux, insécurité du lendemain, abjection, misère incurable; de l'autre, surabondance de bien-être, oisiveté, luxe, honneurs, moyens de satisfaction se générant et s'accroissant pour ainsi dire d'eux-mêmes.

Bien évidemment encore ce spectacle de l'inégalité des conditions et de ses effets apparents, par la pitié et par l'indignation qu'il est susceptible de provoquer, doit être tenu comme le génie inspirateur des théories socialistes. Néanmoins l'observation de tout à l'heure se représente ici. L'inégalité des conditions date de loin, et si quelque chose est imputable, sous ce rapport, à l'époque moderne c'est bien certainement une réduction notable de cette inégalité.

En effet, tout ce qui venait s'ajouter aux inégalités naturelles, par l'action des priviléges de naissance, de caste, de favoritisme, de corporation, d'opinion même, s'efface de plus en plus. La propriété s'est divisée à l'infini; l'accès de toutes les carrières s'est élargi; le développement de l'instruction et la diffusion du bien-être tendent avec une énergie croissante à rapprocher les conditions, à fondre les classes, à élever le niveau moyen des existences. Et si ce mouvement d'égalisation n'a pas mis fin jusqu'ici aux contrastes d'opulence et de pauvreté, il témoigne pourtant que le présent est en progrès sur le passé, dans le sens désiré. Par conséquent, au lieu de conclure à la négation de ce progrès et à la refonte complète de l'ordre social, on devrait s'attacher plus fortement aux principes dont procède l'amélioration obtenue.

Il est encore à noter que non-seulement l'apparition du socialisme coïncide avec l'époque où l'inégalité des conditions va décroissant, mais encore a lieu précisément au sein des pays où s'opère cette décroissance, tandis qu'il demeure inconnu du reste de l'univers, c'est-à-dire partout où le mal social et l'inégalité des conditions conservent leur plus grande intensité.

Que devons-nous conclure de là ? — C'est que ni l'existence du mal social par elle-même, ni le contraste des extrêmes, en fait de richesse et de pauvreté, que présente l'inégalité des conditions, ne contiennent la véritable raison d'être du socialisme, considéré comme un signe des temps.

Poursuivons donc notre recherche. Il y a une idée maîtresse, primordiale, dans la critique socialiste, servant de base aux doctrines utopiques et qui leur est commune. C'est d'affirmer l'antagonisme, l'opposition des intérêts particuliers entre eux. Au jugement des réformateurs, les intérêts livrés à eux-mêmes, abandonnés à leur tendance naturelle, affranchis de toute réglementation, se constituent en état de lutte, de guerre, les uns à l'égard des autres; et cette guerre a pour conséquence inévitable le triomphe de ceux-ci et la défaite de ceux-là, soit l'inégale distribution des richesses, la pauvreté et la richesse, l'exploitation des faibles par les forts, en un mot, l'inégalité extrême des conditions et le mal social.

Cette explication laisse, il est vrai, un point en suspens. L'antagonisme supposé des intérêts ne saurait logiquement produire le triomphe des unes sur les autres que s'il y a inégalité soit native soit artificielle de forces entre les combattants. Sur ce point, les doctrines socialistes ne s'accordent pas : les unes admettent l'inégalité native des forces; d'autres la nient plus ou moins nettement. Mais, au demeurant, elles s'unissent pour affirmer l'antagonisme, l'hostilité innée des intérêts entre eux et pour voir, dans cet antagonisme, la cause essentielle du mal social.

Sommes-nous enfin en possession de l'objet de nos recherches ? — Pas encore complétement. Après tout, la croyance à l'opposition des intérêts n'appartient point en propre au socialisme. Elle a prévalu partout et dans tous les temps, jusqu'à l'âge moderne. Aujourd'hui, même, elle exerce une influence considérable sur l'opinion publique : « Le bien des uns vient du mal des autres, » dit l'axiome vulgaire, « le profit des uns fait le dommage des autres. »

Et non-seulement cette croyance a toujours prévalu, mais encore elle a présidé toujours à la conduite des affaires privées et au gouvernement des intérêts nationaux. C'est en suite de cette croyance que tout, dans le sein des sociétés, a été coordonné soit pour assurer le triomphe de certains intérêts sur les autres, soit pour y faire obstacle; que, de peuple à peuple, tout a été disposé, conduit, en vue de la défense ou de l'attaque, de la conquête ou de l'exploitation réciproque.

La science économique a, la première, jeté dans le monde l'affirmation contraire. « Non, a-t-elle dit, les intérêts humains ne sont pas opposés, antagoniques, de nature; car ils ne peuvent obtenir satisfaction que par un perpétuel échange de services, que par l'aide mutuelle. L'accord est donc leur loi normale, la condition nécessaire de leur développement commun. L'opposition qui éclate entre eux est plus factice que réelle; elle résulte, en majeure partie, de la croyance même qu'on en a. »

Sans poursuivre ici cette donnée qui sera l'objet de notre examen ultérieur, constatons donc que le socialisme, en attribuant l'origine du mal social à l'antagonisme des interêts, n'a fait que reprendre l'opinion antérieure à l'avénement de la science économique, et que le caractère novateur qu'il s'attribue n'est point justifié, sous ce rapport.

Mais voici où commence réellement son œuvre propre. Tandis que l'économie politique, en vertu de son concept de l'accord inné des intérêts, tend à leur affranchissement, à leur liberté d'expansion, le socialisme, conséquent aussi avec sa croyance à l'antagonisme, propose d'y couper court définitivement par l'organisation de l'économie sociale sur un principe d'enchaînement ou d'accord forcé des intérêts, de subordination invincible de l'intérêt individuel à l'intérêt collectif.

Et ce projet, je le répète, concorde avec le point de départ, car, en admettant l'inégalité naturelle des forces, il faudrait sans cesse recommencer la réforme sociale si, l'ordre une fois rétabli, on laissait cette inégalité naturelle produire ses effets, si, en d'autres termes, on abandonnait les intérêts et les forces à leur liberté d'expansion native. Il est donc à propos de neutraliser l'action des inégalités naturelles par un ensemble de mesures dont le résultat suprême soit que chaque individu ne recueille plus une part proportionnée aux services qu'il rend, sous le seul empire de l'offre et de la demande, mais soit rémunéré directement par le pouvoir social dans la mesure où il plaira à celui-ci de le faire.

« A ce prix, nous dit le socialisme, et, à ce prix seulement, plus d'antagonisme, plus d'oppression, plus de misère, plus d'inimitié entre les hommes, mais accord, paix, abondance commune, fraternité. »

Pour le coup, nous touchons au but. Nous avons pénétré jusqu'à l'essence du socialisme. Il est contenu tout entier dans ces deux propositions :

1° Le mal social dérive de l'inégalité des conditions qui naît elle-même de l'antagonisme des intérêts.

2° Cet antagonisme ne peut être détruit que par la solidarisation complète des intérêts, c'est-à-dire par l'absorption de l'intérêt particulier dans l'intérêt commun.

Quiconque admet ces deux propositions est socialiste. Quiconque les repousse ne l'est pas.

Maintenant il nous reste à expliquer pourquoi et comment le socialisme a pris naissance de notre temps, et rompu en visière avec la marche générale du progrès.

II

Il est facile pourtant de démontrer que tout, dans le socialisme, implique l'idée du progrès moderne, et qu'il ne saurait chercher autre part son point d'appui et sa force.

Sous l'influence de l'accroissement des lumières, des conquêtes de l'ordre politique, de la réforme des institutions, la conscience moderne s'est développée admirablement, dans le sens de l'amour du droit, de l'égalité et de la fraternité. Ce développement de la conscience a rendu plus ardent le besoin de ces satisfactions morales et sociales, et plus douloureux le sentiment du mal existant. Le socialisme s'est inspiré de ce sentiment et de ces besoins en les exagérant. Il en est venu, une fois sur la pente de l'exagération, jusqu'à méconnaître les immenses résultats acquis, à ces divers points de vue, et il a déclaré la société présente malade, inviable.

L'esprit de révolution ou de rénovation politique, et sociale, — autre conséquence du progrès, — qui souffle sur le monde depuis le milieu du dix-huitième siècle, fournit aussi au socialisme une partie de son essor, en surexcitant ses espérances de triomphe. Mais cet esprit a suivi, dès son origine, deux courants. L'un tend, par la réforme des institutions publiques, à la liberté et à l'égalité du droit commun. Montesquieu, Voltaire, Dalembert, Turgot, Condorcet, furent ses principaux initiateurs. L'autre se donne pour but l'égalité absolue, et, pour condition de réussite, l'omnipotence gouvernementale. Mably, Rousseau, Morelly, Babeuf, furent ses apôtres.

Notre grande révolution de 1789 émana, dans son ensemble, du courant libéral. Même à l'époque du despotisme Conventionnel, elle mit à la base de l'ordre politique et social les *Droits de l'Homme*, en tête desquels figuraient la liberté et la propriété.

Le socialisme actuel émane du courant égalitaire. Il veut constituer la démocratie sociale, c'est-à-dire une organisation économique et politique où la liberté soit subordonnée à une égalité matérielle, poussée aussi loin que possible. Il emprunte donc à l'esprit démocratique moderne ses tendances à l'égalité et à la fraternité, en les exagérant, et répudie le reste. La révolution n'est pas faite, à ses yeux, tant que subsiste l'inégalité des conditions. Or, cette inégalité ne saurait disparaître sans une abdication des droits individuels entre les mains du pouvoir social.

Mais non-seulement le socialisme se trouve ainsi en opposition directe et invincible avec la grande tradition révolutionnaire, il tourne le dos au mouvement de la civilisation générale, car tous les philosophes qui ont étudié ce mouvement le résument dans l'affranchissement graduel de l'homme, dans l'exhaussement incessant de la liberté et de la dignité personnelles. Nous mettrons ce point en lumière à la prochaine séance.

On peut objecter qu'il y a deux socialismes, celui qui demande tout à l'Etat, au pouvoir social, et celui qui ne réclame que l'exacte mutualité des services, sur une base d'équivalence. Cela est vrai; mais ce dernier socialisme vit d'illusions. Il se voit obligé de nier l'inégalité de valeur des services et la productivité du capital.

Toutefois, cette distinction de deux socialismes montre que, pour bien apprécier la nature du mouvement actuel, il faut aborder encore un autre terrain que celui du progrès moral et du progrès politique, à savoir le terrain du progrès économique.

Le progrès économique doit, en effet, être tenu pour une des causes d'existence du socialisme. Ce progrès puise toute son énergie dans l'accroissement des capitaux. Par capitaux, il faut entendre tous les instruments de production qui viennent en aide au travail. Or, il est de la nature des capitaux de pouvoir être appropriés et accumulés, tandis que le travail reste individuel. Par conséquent, la rémunération des capitaux peut venir s'amasser dans un petit nombre de mains, tandis que celle du travail se dissémine dans un très-grand nombre. De plus, aux capitalistes appartient forcément la direction des entreprises, des affaires; le travail de main-d'œuvre, surtout, doit donc subir cette direction. Tout cela fait que, malgré les avantages du progrès économique pour le travail, une fois en possession de sa liberté, ceux du capital paraissent beaucoup plus grands. Aussi en vient-on aisément à croire que le progrès économique tourne entièrement au profit du capitalisme, et que loin de diminuer la misère des salariés, il l'accroît. On se persuade qu'il ne remédie pas à l'ancienne exploitation du travail par le privilége, et qu'il la perpétue sous une nouvelle forme, celle du patronat.

Diverses circonstances, tant bonnes que mauvaises, inhérentes à la marche du progrès économique: les crises, l'invention des machines, l'association des capitaux, les abus de la spéculation, etc., confirment la fausse appréciation de ce progrès par le socialisme.

Il ne voit dès lors qu'un remède aux accidents et aux misères de l'ordre économique, savoir l'immolation du capital au travail, ou plutôt la socialisation plus ou moins complète du capital. Comment, en effet, empêcherait-on, sans cela, que l'inégalité des conditions reparût ?

Aussi les théories socialistes qui n'ont pas conclu dans ce sens ont-elles été frappées d'illogisme ou délaissées. Tel fut le sort du socialisme proudhonien, qui, pour avoir voulu sauver la liberté, revint à la propriété individuelle. Le Saint-Simonisme, pour avoir voulu conserver l'inégalité des parts et la hiérarchie, fut accusé d'aristocratisme. Le Fouriérisme, en maintenant les droits du capital et du talent, suscita des griefs analogues et resta en dehors du mouvement de la vraie démocratie sociale.

Résumons-nous.

Le mouvement social actuel tire sa raison d'être de la croyance que les misères et les souffrances de l'ordre économico-social résultent par-dessus tout de l'antagonisme des intérêts, tant qu'ils sont abandonnés à leurs tendances innées et à leur libre expansion individuelle et générale. Le développement de la conscience moderne, l'esprit de la Révolution et le progrès économique ont inspiré à un certain nombre d'hommes l'idée que le mal social pouvait et devait être guéri au moyen d'une transformation intégrale ayant pour but de réaliser une solidarité étroite entre tous les membres du corps social, et, pour moyen fondamental d'exécution, la mise en commun des forces productives, travail et capital, afin de désarmer l'intérêt particulier et de le subordonner complétement à l'intérêt collectif.

Voilà le fond commun de toutes les théories socialistes[1]. Elles se distinguent les unes des autres, par le degré de radicalisme dans les principes et par le choix du régime considéré de chacune comme le meilleur pour arriver au but. Les unes vont jusqu'à l'abolition absolue de toute propriété personnelle; les autres s'arrêtent à un point quelconque de la route; quelques-unes ont placé l'organisation sociale sous l'égide d'une croyance religieuse; certaines croient à la vertu d'un mécanisme ingénieux de garanties et de compensations, etc., etc.

Du moment, en effet, qu'il s'agit de combinaisons artificielles des éléments sociaux, le nombre des systèmes imaginables n'a pas de limites. Il suffira donc d'examiner successivement les principaux types.

[1] Il faut faire exception pour le Proudhonisme, comme je l'ai déjà observé plus haut. Aussi Proudhon se posait-il en adversaire de toutes les doctrines de communauté et d'association. Seulement on pourrait montrer qu'il y aboutissait forcément lui-même, par sa négation des droits du capital et du talent. Et c'est précisément pour échapper à cette conséquence qu'il revint à la propriété *(Voir la sixième séance)*.

TROISIÈME SÉANCE

Origines historiques du socialisme.

« Rien de nouveau sous le soleil, » dit l'Écriture sainte. Cet aphorisme, peu encourageant pour les inventeurs, signifie sans doute que les découvertes présentes ont leurs germes dans le passé. Il en est ainsi des révolutions et des doctrines, partant du socialisme. Émanant de cette idée que le mal social vient surtout de l'antagonisme des intérêts individuels, et que le remède à ce mal gît dans l'intervention de l'État contre la liberté d'action de l'individu, le socialisme doit être aussi vieux que le mal social, qui est, lui-même, aussi vieux que le monde. On se trompe donc l'orsqu'on considère le mouvement social actuel comme un produit spontané de notre temps, ou qu'on ne lui reconnaît d'autres antécédents que les utopies qui se sont fait jour dans le passé et notamment dans les derniers siècles. En tant que doctrines ou théories absolues, ces utopies ont, en effet, préparé les doctrines actuelles ; mais l'esprit du socialisme a marqué sa trace dans l'histoire universelle et exercé une action plus ou moins notable sur la marche des institutions de tous les temps et de tous les lieux.

Quant aux utopies antérieures, elles présentent entre elles une analogie de fond qui va presque jusqu'à l'identité. La plus ancienne a servi de type à toutes les autres : c'est la *République de Platon*. Ce philosophe, regardant la propriété privée, le *tien et le mien* comme une source de haine et de lutte entre les hommes, et la famille comme un principe incurable d'égoïsme, conclut à la communauté des biens et des femmes. Ce n'est pas un but économique qu'il avait en vue, c'est le perfectionnement moral. Le travail incombe aux castes inférieures, laboureurs et artisans, qui ne comptent pas dans l'État. Les citoyens, guerriers et magistrats, se doivent tout à la vie publique : guerre et politique. Le magistrat est surtout philosophe. Toutefois, les poètes et les artistes sont bannis de la cité.

Il faut ajouter que Platon ne donnait sa *République* que comme un idéal et que, dans le *Traité des Lois*, il admet la propriété et la famille, sous l'autocratie de l'État.

Au XVIe siècle, Thomas Morus, qui fut chancelier d'Angleterre, écrivit un livre inutilé : *Voyage à l'île d'Utopie* [1], où se déroule le plus gracieux tableau de

[1] Thomas Morus mourut sur l'échafaud, pour n'avoir pas voulu courber le genou devant l'autocratie théologique de Henri VIII. Dans son *voyage à l'île Utopie*, il suppose qu'un navigateur

communisme patriarcal. Il admet le mariage et la famille. La pleine liberté des croyances et des cultes

a visité cette île et vient raconter les merveilles dont il a été témoin.

Utopie est une communauté agricole et patriarcale. Elle renferme un certain nombre de villes; mais ces villes ne sont peuplées que d'essaims venant, à tour de rôle, des campagnes environnantes et se renouvelant chaque année. Les campagnes elles-mêmes sont partagées en fermes d'une certaine étendue, cultivées par une quarantaine d'habitants. Le gouvernement réside entre les mains des chefs de famille. Un sénat forme le sommet de la hiérarchie sociale.

Thomas Morus n'entend pas la pratique de l'existence humaine comme Platon. Il ne reconnaît pas de castes supérieures ou inférieures, ni d'esclaves, et veut que tout homme ait une profession soit industrielle, soit artistique. Le travail est non-seulement réhabilité et honoré à Utopie, il y est obligatoire, dans la proportion de trois heures le matin et autant l'après-midi. La communauté des biens à Utopie ne s'étend pas à celle des femmes. La famille est maintenue; tout homme doit même se marier de bonne heure.

Le gouvernement, tout paternel, n'inflige que des peines légères aux coupables. Quand il s'agit de grands crimes, c'est le pouvoir supérieur qui prononce, et la punition la plus grave consiste dans la réduction à l'esclavage. Les coupables redeviennent libres lorsqu'ils se sont amendés.

Un trait curieux des idées de Morus, c'est que, dans l'île *Utopie*, il n'y a pas de religion d'État. L'histoire d'Angleterre, à l'époque où parut le livre et en particulier l'histoire de l'auteur lui-même, expliquent cette intelligente détermination. Chacun adore Dieu comme il le comprend. Il y a des chrétiens; il y a des adorateurs des astres. On y rencontre même le culte des grands hommes. Le livre de Thomas Morus est écrit avec beaucoup de suavité, et respire une sorte d'enthousiasme poétique et philosophique.

est un des traits caractéristiques de ce système. Thomas Morus veut que chacun exerce un art ou un métier et fait du travail une obligation pour tous.

Au siècle suivant, le moine napolitain Campanella traça un plan de société analogue, sous le nom de *Cité du Soleil* [1].

Au XVIIIe siècle, Morelly, publiciste français, reproduisit la doctrine de ses prédécesseurs, en y ajoutant la réhabilitation des passions et la négation des idées reçues en morale [2].

[1] Campanella, moine napolitain et philosophe de grande valeur, passa de longues années en prison, et souffrit les plus affreuses tortures pour des sujets de controverse théologique.

Le gouvernement de la *Cité du Soleil* a un caractère tout philosophique. Le chef suprême, issu de l'élection, préside en même temps à la religion, à la politique, à l'économie sociale, à la science et à l'art. Ce trait fait songer à la théorie d'Enfantin. Le christianisme est le culte obligé, non toutefois sans modifications, en rapport avec les doctrines propres de Campanella. Il adopte aussi la communauté des femmes. L'éducation des deux sexes est simultanée et identique. Dès l'âge de dix ans, les enfants sont mis en présence des instruments de l'industrie et des arts, afin de favoriser l'essor des vocations. Ceci se retrouve dans Fourier. Tout le monde est tenu de travailler.

[2] Morelly, écrivain français, peu connu d'ailleurs, publia un poème intitulé la *Basiliade*, où l'auteur décrivait une société fondée sur la communauté des biens, et dont il résuma et conserva les idées essentielles dans un autre livre, ayant pour titre le *Code de la nature*, qu'on peut regarder comme le spécimen le plus radical qui existe de théorie communiste. La qualification de « code de la nature, » donnée à cette théorie, est doublement caractéristique. Elle correspond, d'une part, aux tendances philosophiques de l'époque vers ce qu'on appelait l'*état*

Le communisme de Morelly a un caractère dictatorial et démocratique. Tout homme doit être agriculteur de vingt à vingt-cinq ans. Le mariage est obligatoire

de nature; elle marque, d'autre part, une sorte de passage de l'idée utopique, des régions de la pure spéculation transcendentale, à une systématisation plus rigoureuse et plus réaliste. C'est le communisme autoritaire et économique, nettement formulé.

Le *Code de la nature* proclame trois lois fondamentales :

1° Rien dans la société n'appartient singulièrement, ni en propriété, à personne que les choses dont il fera un usage actuel, soit pour ses besoins, son plaisir ou son travail journalier.

2° Tout citoyen sera homme public, sustenté et entretenu aux dépens du public.

3° Tout citoyen contribuera pour sa part à l'utilité publique selon ses forces, ses talents et son âge; c'est sur cela que sont réglés ses devoirs.

Morelly considère ces lois comme les fondements nécessaires de la société. Quiconque y dérogera ou proposera leur abolition sera traité à l'égal des derniers scélérats. Il aura pour prison perpétuelle une caverne, creusée au milieu du cimetière. Le gouvernement est imité de celui d'*Utopie*. Chacun, de même, doit exercer une profession manuelle et, avant tout, agricole. Tout est réglé par la loi : le travail, le repos, la nourriture, les vêtements, les plaisirs. La vie de famille est obligatoire au moins jusqu'à l'âge de quarante ans. Après dix ans de mariage, le divorce peut être obtenu pour incompatibilité d'humeur. L'éducation est commune pour l'un et l'autre sexe. Le rôle d'instituteur incombe, à tour de rôle, aux pères et mères.

Morelly professe très-chaleureusement le dogme de la bonté native de l'homme et même de la bienfaisance des passions. Il fut, sur ce point, le précurseur de Fourier, qui lui doit aussi la formule du *travail attrayant*. Tout cela ne l'empêche pas d'opposer aux méfaits individuels une pénalité rigoureuse.

jusqu'à quarante ans. La direction des affaires générales passe, à tour de rôle, à chaque chef de famille. Des peines terribles sont édictées contre celui qui tenterait ou proposerait le rétablissement de la propriété.

En 1797, Babeuf voulut faire passer dans la pratique sociale le communisme égalitaire, au moyen d'une conspiration contre le gouvernement du Directoire[1]. On sait qu'il fut condamné à mort et qu'il se poignarda en plein tribunal avec son principal complice, Darthé.

Il est inutile de s'appesantir sur ces plans utopiques, dont les doctrines socialistes actuelles reproduisent plus ou moins complétement les principales données[2].

[1] Babeuf est l'apôtre de l'égalité absolue. Il déclare le peuple propriétaire du sol et des capitaux. Le travail est une fonction publique, obligatoire. Chacun a sa tâche, strictement égale, et sa ration de produits mesurée par les chefs. Point de rémunération personnelle, point de prééminence intellectuelle ou morale. Le génie et la sottise sont au même rang. Pour empêcher l'invasion des inégalités, Babeuf veut que l'éducation soit commune et se borne à l'enseignement primaire, avec quelques notions sur la géographie, la statistique et les lois de la République. Toute autre connaissance est interdite, et les maîtres doivent veiller à ce que les intelligences saillantes qui se manifesteraient dans leur école soient comprimées. Babeuf l'emporta aussi sur ses devanciers par l'audace de mise en pratique. Il trama une conspiration contre le gouvernement de l'époque, le Directoire, en vue d'une réalisation immédiate de son système. Dénoncé par un des conjurés, il fut traduit devant le tribunal et condamné à mort; mais il échappa courageusement au supplice en se poignardant devant ses juges.

[2] En comparant entre eux les divers plans que nous venons de rappeler, on retrouve dans tous les mêmes idées fondamen-

Ce qui importe davantage, c'est de rechercher, dans l'histoire générale, l'origine, sinon des formes actuelles qu'a revêtues le socialisme, du moins des tendances ou des principes qui l'inspirent.

Chose qui semble d'abord surprenante, plus on remonte haut dans le passé, plus on retrouve prépondérante l'action du socialisme sur les institutions. On le comprend en réfléchissant que, d'une part, l'individualité humaine est, à l'origine, aussi faible que possible et que, d'autre part, les instincts féroces et implacables qui caractérisent l'homme primitif exigent une puissante coërcition sociale. La société politique n'est d'ailleurs, à l'origine, qu'une ligue pour la défense et l'attaque. Il en résulte que la propriété, fruit, non du travail personnel, mais de l'occupation plus ou moins violente et du pillage, a, au début, un caractère collectif et relève de l'Etat. Les vaincus asservis

tales et les mêmes procédés d'organisation; de telle sorte qu'on peut croire qu'ils se sont successivement générés. Les derniers venus se distinguent pourtant par un caractère plus despotique et plus industriel en même temps. On voit que c'est l'égalité ou l'identité des conditions et l'organisation du travail qui préoccupent essentiellement Morelly et Babeuf.

Au point de vue des personnes, on ne peut s'empêcher de reconnaître que les inventeurs de ces utopies étaient des hommes d'intentions droites et pures et d'une incontestable valeur intellectuelle. Il suffit de nommer Platon. Thomas Morus et Campanella offrent le type des natures les plus généreuses et les plus élevées. Morelly et Babeuf furent des apôtres consciencieux et dévoués. On ne saurait donc imputer les illusions de l'esprit, dans ces hommes, à une déviation morale.

travaillent pour les vainqueurs et sont rivés à la fonction. C'est le régime des castes.

Chez les peuples de races pastorales, le sol reste indivis, sous l'autorité du chef ou des chefs de tribu et du pouvoir religieux. Telle fut, telle est, pour ainsi dire, la commune arabe, la commune slave, la commune chinoise, etc. [1]

Quand le principe monarchique se substitue, par droit de conquête ou par élection, au principe patriarcal, le roi s'attribue la souveraineté absolue des biens et des personnes ou le partage avec le pouvoir sacerdotal.

C'est encore l'état économique de l'Islamisme.

L'histoire juive nous offre un remarquable exemple de ces organisations successives : d'abord dans l'institution du jubilé qui, tous les cinquante ans, renouvelait le partage des terres, et, plus tard, dans la combinaison du régime monarchique avec les lois moïsiaques [2].

[1] La commune slave et le Douaire arabe ont gardé jusqu'à notre époque les traces de ce régime. A telles enseignes que l'une des réformes invoquées, à cette heure, pour l'Algérie arabe, c'est l'instauration de la propriété individuelle à l'instar de la nôtre. Dans les pays slaves, aujourd'hui encore, le socialisme russe et polonais s'appuie sur l'antique constitution de la commune. Elle renferme, à ses yeux, tous les éléments de la rénovation sociale, dans le sens communiste, qu'il poursuit.

[2] Lorsque les Hébreux s'établirent dans le pays de Chanaan, le législateur sacré fit distribuer, par tribus et par familles, les terres enlevées aux vaincus, qui avaient été eux-mêmes égorgés en masse. Mais il institua en même temps le

A l'âge gréco-romain, un immense progrès a été accompli, au point de vue des libertés personnelles et de la propriété, qui en est le corollaire. Le principe théocratique et le principe monarchique succombent. La démocratie se constitue. Cependant l'idée de l'État souverain, dans le sens socialiste, survit encore et produit la république communiste de Sparte[1]. A

grand et le petit Jubilé. Au bout de chaque cinquante ans, on renouvelait le partage, de telle sorte que les acquisitions ou les pertes faites dans l'intervalle se trouvaient annulées. Tous les sept ans, les dettes étaient remises. Ces procédés de *liquidation sociale* contribuèrent probablement beaucoup à dégoûter les Juifs de la vie agricole et du régime théocratique.

[1] On trouve, au sein du monde hellénique, un curieux échantillon de fusionnement de la démocratie avec le socialisme. C'est la république de Sparte. Son célèbre législateur avait eu pour but évident de réagir contre l'esprit économique naissant, au profit des idées antiques en les adaptant à la vie républicaine. Sous ce rapport, l'œuvre de Lycurgue présente une analogie frappante avec le but que poursuivent les novateurs contemporains. C'est, d'un côté comme de l'autre, la solidarité et l'égalité absolues, fondées sur l'autocratie gouvernementale et sur l'effacement de l'initiative et de la liberté de l'individu. Seulement le législateur grec comprenait que le maintien d'un pareil régime exigeait l'abandon de toute industrie, de tout échange, de toute acquisition de la richesse et même, pour être logique jusqu'au bout, de toute culture intellectuelle. Les lettres et les arts étaient donc bannis de Sparte aussi bien que les travaux économiques. Quelles pouvaient être les moyens d'existences d'une telle société, si ce n'est la guerre ou l'exploitation des races asservies?

L'État spartiate fut un communisme militaire et aristocratique. De même que dans la république idéale de Platon les

Athènes, l'impôt progressif et la subvention fournie par le trésor public à tous les citoyens pauvres sont les manifestations spéciales du dogme socialiste.

Chez les Romains, la propriété individuelle et la liberté du travail s'affirment avec plus de force encore qu'en Grèce. Le citoyen est pleinement propriétaire du champ qu'il cultive. Mais, sous l'influence d'un état de guerre presque permanent, l'inégalité naturelle des conditions fait place à un classement politique et social qui brise l'unité du droit. Il y a celui des grands *(majores gentes)* et celui des petits *(minores gentes)*. La propriété *quiritaire* du patricien prend un caractère de privilége aristocratique par rapport à la propriété plébéienne, et tout l'ensemble des institutions développe et consacre cette dualité économique et juridique. Le droit réside plus dans la classe que dans l'individu et, par là, incline progressivement vers le principe socialiste. Une lutte séculaire s'instaure entre les classes, et

hommes libres s'y doivent tout entiers aux affaires publiques. Les esclaves et les castes inférieures pourvoient à leur sustentation. La vie est commune; les vêtements et les repas sont réglés, et personne n'échappe à ce despotisme administratif, pas même les rois.

On était parvenu de la sorte à créer un petit peuple éminemment belliqueux, mais n'ayant presque rien d'humain pour les sentiments et les mœurs, impénétrable au progrès et à la civilisation. Cependant la prospérité guerrière de ce peuple devait suffir pour l'amener tôt ou tard à l'oubli de son farouche désintérressement et de ses institutions. Ce qui arriva. Toute tentative de réforme fut désormais impuissante.

l'extension incessante de l'Etat par la conquête extérieure ne fait que grandir cette lutte. Des lois agraires octroient aux plébéiens une partie des terres enlevées à l'ennemi, mais l'Etat conserve un titre de souveraineté sur ces terres.

Quand la république a succombé dans les déchirements de la guerre civile, le militarisme couronné fait succéder un socialisme césarien et populaire à la fois au socialisme de caste du patriciat. Rome conquérante a, du reste, poussé si loin les abus de la propriété et de la richesse mal acquises que la conscience humaine ne croit plus pouvoir trouver de refuge contre l'antagonisme effréné des intérêts et le sybaritisme aristocratique que dans la pauvreté volontaire et dans la négation de l'intérêt personnel. Les moralistes et les novateurs religieux anathématisent la richesse. Le christianisme naissant tente un moment l'établissement de la communauté.

Les Pères de la primitive Eglise, reprenant la théorie orientale, déclarent Dieu seul propriétaire. Le propriétaire terrestre n'est, à leurs yeux, qu'un régisseur, et doit distribuer ses revenus aux pauvres. Le prêt à intérêt est coupable.

L'institution des couvents correspond à ces doctrines, et, par leur développement, la propriété communiste s'étend, de toute part, sur l'Europe chrétienne.

Cependant l'invasion des barbares avait ramené le monde, romain au socialisme des castes. La propriété féodale est collective plus qu'individuelle, en droit. L'homme ne possède pas la terre, c'est la terre qui le possède. Les races vaincues subissent le servage de la glèbe, et les seigneurs eux-mêmes ne jouissent qu'au prix du vasselage hiérarchique.

Mais des éléments libres s'étaient conservés dans les villes. Ils y grandirent par le travail. Au moyen âge, la *Révolution des communes*, produit d'une lutte séculaire de la liberté industrielle et de l'association volontaire contre le féodalisme, jette les bases de la démocratie politique et économique moderne. Appuyée sur cette puissance, nouvelle en fait, mais véritable héritière des libertés du monde gréco-romain, la monarchie triomphe, à son tour, de la féodalité et prépare le terrain du droit commun.

Ce n'était pas pour un tel but que la royauté pensait agir. Elle entend se substituer aux pouvoirs déchus : aristocratie et théocratie. L'expression suprême de son principe, c'est une autocratie sans bornes et sans contre-poids, sorte de socialisme qui fait émaner toute propriété, tout droit, même celui de travailler, du souverain, qui enlace l'initiative personnelle dans les mailles d'une centralisation soi-disant protectrice, qui distribue les priviléges et les monopoles au gré de ses fantaisies, réglemente, fiscalise, fait converger toutes les ressources de la production nationale vers le triomphe de ses ambitions et des intérêts propres. Le testament de Louis XIV formule hardiment ce socialisme monarchique.

Mais l'esprit libéral moderne ne pouvait supporter longtemps un tel recul. L'ère des révolutions politiques s'ouvre, et le droit individuel brise les dernières entraves qui s'opposaient à son avénement définitif.

Dira-t-on que cette émancipation n'atteint pas l'ordre social ou économique ? Voyez plutôt La propriété par excellence, celle du sol, n'est-elle pas tombée aux mains de l'ancien serf ? les dix millions de parcelles qui ont remplacé, chez nous, la tenure féodale, n'expriment-elles pas éloquemment la prise de possession du travail ? Qui pourra, qui osera toucher désormais à cette propriété ?...

L'industrie semble moins révolutionnée. Cela tient à des circonstances techniques ; à l'emploi, par exemple, des grands moteurs naturels, qui exige une production puissamment concentrée ; à la mauvaise organisation du crédit, encore asservie à l'idée d'une intervention autoritaire, etc. Mais laissez la liberté du travail et l'association volontaire accomplir leur œuvre !...

Résumons.

Le principe social ou socialiste a dominé, au point de départ des sociétés. Il mettait la solidarité collective au-dessus de la responsabilité personnelle, en tout : religion, morale, politique, économie. Il protégeait l'individu en l'absorbant. L'égalité, du moins, y trouvait-elle satisfaction ? — Tout au contraire, ce fut l'apogée de l'inégalité des conditions, de l'oppression et de la servitude. Le principe autoritaire, quand il empiète sur le terrain des libertés individuelles et du droit commun, tend fatalement vers ce but. S'il agit sous l'impulsion d'une coterie, d'une classe, c'est l'exploitation de caste qui en sort; s'il se résume dans l'arbitraire d'un seul, c'est l'asservissement commun de tous, sans préjudice des priviléges de mille sortes. Voilà pourquoi tout le progrès de la civilisation représente l'émancipation graduelle de l'individu.

En définitive, l'histoire peut se ramener, dans tout ce qui regarde l'économie sociale, à la lutte des deux principes: communisme et propriété. Aujourd'hui, la dernière bataille s'engage. Mais c'est au nom de la Révolution, de la démocratie et du progrès économique que le socialisme se présente maintenant dans la lice. Il répudie toute autre tradition.

Nous rechercherons si ses plans de réforme et d'organisation correspondent au patronage sous lequel il les place.

QUATRIÈME SÉANCE

Saint-Simon et Fourier.

Quelques années après la mort de Babeuf, tout au commencement de ce siècle, deux hommes d'un esprit original et hardi, vraies natures d'apôtres, inauguraient en France le mouvement socialiste. Le premier écrit de Saint-Simon, *Lettres d'un habitant de Genève,* date de 1803 ; le premier ouvrage de Fourier, *Théorie des quatre mouvements,* parut, en 1808, à Lyon.

Saint-Simon mourut, en 1825, laissant un groupe de disciples, hommes de science pour la plupart, qui se vouèrent à la propagation de ses idées, et qui même, après la Révolution de 1830, firent des prédications publiques.

Esprits éminents et enthousiastes, Enfantin, Bazard, Ol. Rodrigue, portaient le drapeau de l'école; mais ils se divisèrent promptement. Les doctrines prêchées formaient en ensemble brillant et neuf, inspiré par le progrès philosophique et économique modernes. Elles avaient pour point de mire l'avénement de l'*Ère industrielle*, devant faire passer le gouvernement de la société, des mains des représentants des anciens pouvoirs, à celles des *producteurs*, et substituer le principe d'association aux rapports antérieurs des particuliers et des peuples entre eux. Pour tout le reste, Saint-Simon demeurait dans le vague, se contentant d'affirmer le progrès indéfini, en religion comme en économie sociale.

Enfantin, qui parvint à prendre la direction de l'œuvre, à l'exclusion de ses rivaux, donna plus de détermination aux dogmes et aux procédés organiques. Il constitua le pouvoir en dictature patriarcale et religieuse, à peu près comme dans la *Cité du Soleil*, de Campanella. Il prêcha l'émancipation des femmes, au point de vue de l'amour, de la famille et du rôle économique. Enfantin avait poussé le prosélytisme jusqu'à un essai de communauté complète. Mais, dès 1834, la dispersion de l'école commençait. Perdant bientôt l'espérance d'attirer à eux le monde, les apôtres se décidèrent sagement à y rentrer.

La doctrine n'est plus, depuis longtemps, qu'un souvenir. On peut dire seulement qu'elle a beaucoup contribué à l'enfantement de celles qui ont pris sa place et laissé des traces considérables dans l'esprit public.

La propagande fouriériste eut plus de durée. Des publications nombreuses et des journaux lui servirent de foyer et d'instruments, et lui recrutèrent beaucoup d'adeptes. En 1848, l'Ecole fouriériste ou sociétaire eut sa part d'influence sur le mouvement général, mais elle y perdit son orthodoxie doctrinale. La marche des événements politiques acheva de la désorganiser. Cependant, une tentative de restauration s'y produit actuellement ; mais les difficultés sont plus grandes qu'autrefois. La théorie de Fourier est presque aussi inconciliable avec le mouvement socialiste actuel, dans ses visées pratiques, qu'avec la société existante. Elle forme un monde à part, construit tout d'une pièce.

La civilisation, suivant Fourier, fait fausse route. Ses guides : philosophes, hommes d'Etat, moralistes, économistes, l'ont égarée. Heureusement le révélateur est venu ! Il ne reste plus qu'à suivre exactement ses prescriptions. On peut brûler les bibliothèques et fermer les écoles.

La théorie de l'*Unité universelle* embrasse le ciel et la terre. La création, les astres, la nature, l'homme, l'histoire, l'économie sociale, y sont expliqués définitivement. Un fil conducteur, l'*analogie*, a fait pénétrer son auteur jusqu'au fond des mystères, réputés impénétrables. Tout est lié dans le système du monde ; tout se correspond dans les différents règnes. La loi de classement et les rapports symétriques de nombre se retrouvent partout, car il y a unité de système et économie générale de ressorts.

Mais l'objet premier de la théorie, c'est la rénovation sociale.

Tous les maux de la société viennent de l'antagonisme des intérêts qui résulte lui-même du morcellement et de l'insolidarité économiques ; d'où concurrence anarchique, exploitation, misère, désordres, etc.

On s'en est pris aux passions et on leur a opposé la morale, qui ne fait qu'ajouter l'hypocrisie au vice. Les philosophes ont parlé de progrès de perfectibilité indéfinie, fermant résolûment les yeux à l'accroissement continu du mal social. Les politiques en appellent aux révolutions, qui ne font l'affaire que des ambitieux. Les économistes préconisent la liberté du commerce, qui profite uniquement à la fraude et au lucre, et la concurrence industrielle, qui augmente le paupérisme et crée la féodalité financière. En un mot, grâce aux remèdes proposés, la civilisation tourne dans un cercle de fléaux se générant réciproquement entre eux.

Il n'y a qu'un remède réel, l'association intégrale, comprenant tous les termes du mécanisme économique : production, distribution, consommation. C'est le dernier mot du progrès et de la destinée humaine. L'association réalise l'accord des intérêts sans les spolier. Elle porte la production à son maximum de puissance, unie à la plus stricte économie. Elle donne satisfaction à tous les besoins de notre être et plein essor à toutes ses facultés. En un mot, elle inaugure l'ère de l'*Harmonie* sur le globe terrestre.

Les passions, cause incessante de perturbations, dans la société présente, deviennent les ressorts essentiels du mouvement social, en Harmonie, et la source du bonheur individuel. C'était dans ce double but que le Créateur avait doté l'homme de penchants qui correspondent à la loi sidérale de l'attraction [1]. Seulement, pour mettre les passions dans leurs conditions normales d'essor et de jeu, il fallait découvrir une autre loi, celle qui règle le mouvement et produit l'harmonie partout, la loi de la *Série.*

[1] Cette idée est formulée en axiome par Fourier : « *les attractions sont proportionnelles aux destinées.* »

La réhabilitation des passions est peut-être le trait le plus caractéristique de la doctrine phalanstérienne, bien qu'elle soit empruntée au communisme de Morelly. Mais dans le langage de Fourier, *passion* ne signifie point, comme pour nous, l'enfièvrement du désir ; il signifie simplement désir, goût, attrait, penchant.

Fourier ramène toutes nos passions à douze, formant trois groupes. Le premier a trait aux cinq sens, et exprime leurs besoins physiques et animiques. Le deuxième embrasse les sentiments : amitié, amour, famillisme, ambition. Le troisième comprend les passions *distributives*, au nombre de trois : *cabaliste* (amour du discord), *composite* (enthousiasme corporatif), *papillonne* (amour de la variété, du changement).

C'est le libre jeu des passions, *engrené*, *contrasté* et *alterné*, dans le mécanisme *sériaire*, qui doit réaliser l'ordre, l'activité et l'harmonie sociale, et qui doit porter la source des jouissances individuelles à un degré que nous ne pourrions même pas supporter aujourd'hui, tant la civilisation nous étiole.

Les douze passions se résument, se fondent dans une treizième, que Fourier nomme l'Unitéisme — de même que toutes les couleurs de la lumière se fondent dans le *blanc.* — L'Unitéisme, ou amour de l'unité, de l'ordre, du bonheur général, doit remplacer, en Harmonie, le dévouement au bien, la loi du devoir, de la morale ancienne. Le triomphe de cette passion sera d'autant plus facile, que tous les penchants, et même les *vilains goûts*, voire ceux que nous jugeons honteux et anti-naturels, trouveront un plein essor dans le monde harmonien.

L'association intégrale n'est que l'application de ces deux lois d'ordre universel à l'économie sociale. Aussi doit-elle rallier l'humanité entière, y compris les sauvages, toujours si réfractaires à la civilisation!

Mais comment procéder à la transformation du monde actuel? — Il faut partir de la commune, première alvéole de la société. Quatre à cinq cents familles présentent un assortiment suffisant de caractères, de goûts, de passions, pour réaliser l'association communale. C'est la phalange. Une lieue carrée de terrain, environ, formera son territoire et son champ de culture. Un seul édifice (le phalanstère) abritera tout le monde. Ses vastes proportions promettent la réunion des convenances architecturales avec toutes les commodités et économies désirables. Chaque famille a pourtant son logement distinct, en rapport avec sa fortune. De vastes cuisines et réfectoires procurent les avantages de l'alimentation en commun. Les bâtiments, voués à l'exploitation agricole et à la grosse industrie, sont placés en dehors du phalanstère.

Les travaux sont accomplis en groupes et séries et par courtes séances. Chacun suit sa vocation et même ses vocations diverses: tour à tour industriel, artiste,

Seulement on ne procédera que graduellement à leur émancipation. Ainsi la pluralité en amour ne sera octroyée aux femmes que du jour où les pères et les époux y adhéreront en principe. — N'est-il pas fort à craindre qu'ils n'y adhèrent jamais? . . .

laboureur, etc. Grâce à cette variété et à toutes les autres conditions de salubrité, d'entrain, d'émulation, de fougue passionnelle, dans lesquelles il s'exerce, le travail devient attrayant. Dès lors, il n'est plus besoin de l'aiguillon de la faim pour triompher de notre paresse native, et l'on peut assurer, au préalable, à chaque homme, un minimum correspondant à la satisfaction de tous ses besoins essentiels, sans avoir à craindre qu'il vive aux dépens de la société.

Par contre, cette garantie du minimum émousse l'envie du pauvre contre le riche, et l'on peut ainsi conserver, en Harmonie, l'inégalité des fortunes, qui n'est que la conséquence de l'inégalité des forces, des mérites, et sans laquelle aucune société ne saurait longtemps vivre. Du reste, les fortunes particulières sont englobées dans le capital social et représentées par des actions. Chacun a part au résultat général de la production, selon son capital, son travail, son talent.

Autre contre-poids à l'inégalité sociale. L'éducation est commune, dès la naissance, pour ainsi dire. De très-bonne heure les enfants sont placés en face des travaux de tout genre, pour donner l'éveil à leurs vocations. Ils sont même chargés bientôt de quelques occupations productives qu'ils accomplissent émulativement, groupés par petites *bandes* et petites *hordes*.

Pas de commerce, proprement dit, dans le phalanstère. Chacun a son compte, par *doit* et *avoir*, ouvert sur les livres. Sa consommation et sa production sont portées en balance, et tout se réduit à une affaire d'écritures.

Voilà notre commune créée. Les communes se relient entre elles par l'échange et par une organisation fédérative qui remonte, en s'élargissant, du canton à la province, à l'Etat, au continent, à l'hémisphère, au monde entier. Les villes sont comme le caravansérail des phalanstères de la contrée. Elles correspondent aux besoins d'ordre plus général que la commune. Des armées industrielles se forment volontairement pour l'entreprise des grandes œuvres internationales.

Une fois l'harmonie réalisée sur le globe, tout s'y transformera à l'instar de la société. Les animaux féroces eux-mêmes deviendront les serviteurs dévoués de l'homme. Les éléments se modifieront. Plus de températures extrêmes; plus de sinistres climatériques. Un anneau lumineux, comme celui de Saturne, et des aurores boréales rendront les régions polaires habitables. La culture du globe sera intégrale. Mais la décadence viendra au bout de 80,000 ans, y compris les sept mille déjà écoulés. Ainsi le veut la loi sériaire qui régit l'évolution sociale, comme les autres évolutions de quelque ordre que ce soit.

Toute série a une phase ascendante, un apogée et une phase descendante. C'est ce qu'exprime, pour l'existence individuelle, la jeunesse, l'âge viril, la vieillesse. La phase ascendante du monde social a compris la Sauvagerie, le Patriarcat, la Barbarie et la

Civilisation. Il a y bien progrès entre ces périodes sociales, mais ce progrès est entaché d'un vice radical, le morcellement, et il tourne à l'accroissement du mal plus qu'à celui du bien.

Nous pouvons entrer sur-le-champ en HARMONIE. Cela nous éviterait la sous-période intermédiaire, *Garantisme*, qui se caractérise par un ensemble d'institutions d'assurances mutuelles contre les piéges et les misères de la civilisation. Le mouvement coopératif correspondrait, en partie, à ce besoin.

Mais, pour créer un premier phalanstère, il faut d'immenses ressources. Rien de ce qui existe, sauf le sol, ne pouvant servir, où trouver ces ressources?... Fourier appelait un *candidat*, c'est-à-dire un capitaliste assez riche pour suffire à la tâche et assez philanthrope pour y consacrer sa fortune. Le candidat n'est pas venu. Divers commencements d'essais ont eu lieu : à Condé-sur-Vesgre, en 1832, à Citeaux, en 1844, aux Etats-Unis ces derniers temps. Aucun n'a réussi.

Cela ne prouve rien, dit-on. Les ressources manquaient. Mais quand aura-t-on ces ressources?... En tout cas, l'époque de transformation, si elle doit jamais venir, n'est pas prochaine. On ne saurait espérer plus qu'une succession de réformes graduelles qui auraient peu de rapport avec les données absolues de la doctrine fouriériste.

D'ailleurs, cette doctrine offre-t-elle autre chose qu'un ensemble d'hypothèses plus ou moins séduisantes, les unes opposées à la raison et à l'expérience universelles, les autres totalement invérifiables.

Peut-on admettre que le mal social ait pour cause essentielle le morcellement et l'antagonisme des intérêts ? — La science économique le nie.

Peut-on admettre que la morale soit un non-sens, une chimère, et que les passions ne doivent pas subir d'autre discipline que celle d'un *mécanisme* économico-social ? — La conscience humaine proclame l'opposé.

La propriété peut-elle s'accommoder du séquestre de l'association intégrale ?

La vie individuelle peut-elle s'accommoder d'un internement et d'un casement comme ceux qu'elle subirait au phalanstère ?

Le travail peut-il devenir attrayant, au point de permettre l'établissement du *minimum ?*

Les courtes séances sont-elles compatibles avec les conditions techniques de la production industrielle, artistique, littéraire, etc. ?

L'inégalité des parts, au phalanstère, est-elle conciliable avec la vie de ménage sociétaire, avec l'éducation égale pour tous, l'enrôlement de chacun dans les séries, le travail commun ?

L'association intégrale ne se trouve-t-elle pas sur la pente du communisme; et cette perspective ne suffirait-elle pas pour effrayer quiconque redoute, pour sa personne et son avoir, l'absorption communautaire ?

La concurrence, bannie de la communauté, ne reparaîtrait-elle pas forcément de commune en commune, et d'autant plus forte qu'elle s'exercerait par faisceau d'intérêts coalisés ?

On pourrait multiplier presque indéfiniment les interrogations, les doutes, les motifs de crainte, car sur le terrain où manœuvre l'esprit de Fourier, tout est nouveau, indémontrable, inconnu. On ne peut s'empêcher d'admirer la fécondité et la puissance de combinaisons de cet esprit. Sa critique sociale offre des parties vigoureuses et justes ; sa conception utopique charme et fascine ; mais qu'en sort-il d'applicable ? et qui nous prouve que les ingénieux calculs du *révélateur* ne soient pas des rêves ?..... Le mieux est de s'en tenir aux réformes économiques possibles actuellement, en laissant à l'avenir la réalisation progressive de l'Idéal.

CINQUIÈME SÉANCE

Communisme.

Le communisme devait logiquement sortir de la propagande socialiste, inaugurée par le Saint-Simonisme et le Fouriérisme. Ces deux doctrines, la première surtout, y tendent plus ou moins directement. En fait, le communisme est l'expression vraie et définitive du socialisme. Celui-ci ayant pour raison d'être : 1° la croyance à un antagonisme inné des intérêts, tant qu'on les abandonne à leur libre impulsion ; 2° l'explication du mal social par cet antagonisme et par l'action des inégalités naturelles ou acquises ; 3° la recherche du remède au mal social dans une subordination de l'intérêt particulier à l'intérêt collectif par voie autoritaire, le communisme se présente comme fournissant la solution simple, précise, complète du problème, du moment qu'on accepte sa position en ces termes.

Cependant le communisme, professé dans notre siècle, ne décrète pas l'égalité absolue des parts. Il a pour formule économique : « De chacun suivant ses forces à chacun suivant ses besoins. » Il reconnaît donc une double inégalité, celle des forces et celle des besoins.

C'est un trait d'évidente supériorité sur les doctrines communistes du passé [1].

On peut même considérer cette formule comme l'idéal de la sociabilité humaine. Seulement, en ne prenant pas pour mesure de la satisfaction à accorder aux besoins de chacun les services rendus par lui à ses semblables, on vient se heurter contre la violation du droit personnel, et l'on n'a plus aucune base d'appréciation pratique des droits et des devoirs. Ou bien il faut que l'individu ne reconnaisse d'autre mobile que celui d'un dévoûment continu, ou bien il faut qu'il subisse l'autocratie sociale. Cela explique pourquoi les plus grands faits de communisme, dans l'histoire, furent dus à l'influence du sentiment religieux, qui peut seul, en effet, élever l'homme jusqu'à l'abnégation complète de son intérêt propre. Tel a été le communisme des monastères. C'est aussi sous l'égide du sentiment religieux que les premières doctrines communistes se sont placées de notre temps, comme la doctrine de Buchez, de J. Reynaud, et même le Saint-Simonisme.

[1] Cependant il y a encore beaucoup de communistes égalitaires. C'est, au fond, le sentiment qui prédomine dans la partie des classes ouvrières ayant foi au socialisme. L'inégalité des salaires y est considérée comme un principe aristocratique et anti-fraternel. M. Louis Blanc acceptait cette égalité à titre provisoire, en renvoyant la réalisation de la formule « à chacun suivant ses besoins » au temps où le communisme, pleinement constitué, aurait rendu la société assez riche pour qu'il n'y eût plus besoin de réduire les parts. — Ce temps viendrait-il jamais ? . . .

Maïs ce point de vue ne correspondait pas assez directement aux tendances démocratiques et philosophiques de l'époque moderne. Le vrai communisme s'en dégagea donc promptement. Parmi les formes nombreuses qu'il revêtit, il faut en distinguer deux principales, l'une qu'on peut appeler le communisme volontaire, s'organisant, de lui-même, d'abord dans la commune, et dont Cabet fut, chez nous, le promoteur le plus saillant ; l'autre, qu'on peut nommer politique ou gouvernemental, abordant de prime-saut l'organisation sociale tout entière par l'État et dont M. Louis Blanc traça le programme.

Les théories d'organisation communiste qui se firent jour en divers pays, comme celle de Robert Owen, en Angleterre, appartenaient plutôt au premier type, celui que préconisait Cabet. Ce réformateur procéda, à l'instar de Thomas Morus, par la description d'une société communiste imaginaire, qu'il appela l'*Icarie*. Il y a de très-grandes analogies entre les deux systèmes. Cabet part de l'idée de fraternité et en fait tout sortir. Il prétend aussi se rattacher aux traditions et aux doctrines évangéliques.

Conséquent avec lui-même, Cabet tenta de fonder une colonie communiste au Texas; mais l'insuccès fut complet, et le créateur de l'entreprise, congédié par ses propres adhérents, est revenu mourir en France dans l'isolement.

Le communisme gouvernemental joua un rôle plus

brillant, sinon plus heureux. En 1845, M. Louis Blanc dressa le plan d'une rénovation économique complète par l'action de l'État, dans un livre intitulé : *L'Organisation du Travail.* Après avoir cherché à établir que presque toutes les souffrances d'ordre économique, dans la société, ont pour cause la concurrence, l'auteur demandait que le gouvernement devînt le guide et l'arbitre de toute production. Pour cela, il fondait, aux frais de l'État, des entreprises agricoles et industrielles qui, faisant aux entreprises privées une concurrence écrasante, les forceraient à abdiquer.

En 1848, M. Louis Blanc, membre du gouvernement provisoire, institua, au palais du Luxembourg, des conférences ayant pour but de préparer les moyens de transition à la société nouvelle. De là sortirent, entre autres choses, la formule du *droit au travail* [1], qui fut proposée et discutée à l'Assemblée constituante ; des projets de banque nationale devant mettre le crédit et les ressources de l'État au service des particuliers, en concurrence des institutions de crédit libre et des capitalistes, la création de fermes-modèles, etc. En même temps, on favorisait l'établissement d'associations libres au moyen d'un subside gouvernemental et d'autres faveurs analogues.

Mais rien de tout cela n'aboutit, et les mesures pro-

[1] Cette formule émanait de l'école fouriériste. M. Considérant, son chef, député à la Constituante, s'efforça de la faire entrer dans le projet de Constitution.

posées dans le sens d'un acheminement vers la réalisation du communisme ne firent que provoquer une ligue des intérêts et des principes conservateurs contre la démocratie.

La cause intime de cette réaction, excessive à coup sûr, se trouvait dans l'énergie même que le progrès politique et économique moderne a donné au principe du droit individuel. La liberté du travail et la propriété sont devenues le fondement de notre société civile. D'où incompatibilité absolue entre cette société et l'idée communiste qui en est le contraire. C'est pourquoi aucun sacrifice ne paraissait trop grand pour échapper au danger d'envahissement direct et complet de cette idée.

Cependant le communisme n'a point renoncé à conquérir le monde. Ses doctrines ont même gagné, depuis quelques années, un assez vaste terrain, au sein des classes ouvrières, par toute l'Europe. Il est donc aussi urgent que jamais d'étudier le système dans son ensemble et de voir quels seraient, en réalité, les résultats de son adoption.

Dans l'Etat pleinement communiste, il n'y a pas de propriété privée. Le sol, les ateliers, tous les instruments de production, tous les capitaux, sont mis en commun et appartiennent à la société. L'individu ne possède que ce qui lui est octroyé pour sa consommation de chaque jour. Toute industrie et toute transaction individuelles sont interdites. Le travail est imposé et limité. Toute occupation est fonction publique. Aucun droit ne ressort, pour le particulier, de la nature de sa fonction ni du mérite de son œuvre. L'honneur, la considération publique est le seul genre de supériorité de rémunération qui puisse échoir au travailleur éminent.

Ces données générales provoqueraient une foule de questions pratiques sur lesquelles le communisme serait fort embarrassé de fournir réponse. Voyons, du moins, quel but il espère atteindre.

Le communisme pense que la suppression du *tien* et du *mien* entraînerait celle de tout conflit d'intérêts et d'ambitions, de toute fraude, de toute exploitation des uns par les autres ; que le partage des produits, opéré soit égalitairement, soit suivant la mesure des besoins particuliers par rapport aux ressources sociales, extirperait à la fois du monde la misère et le luxe, et ferait fleurir une heureuse simplicité, gardienne des bonnes mœurs ; qu'enfin, la fraternité deviendrait le code pratique de la vie sociale.

On comprend quelles séductions peuvent exercer sur bien des âmes de telles perspectives, et tout particulièrement sur les déshérités de l'ordre existant. Mais encore faut-il voir à quelles conditions préalables serait attachée leur poursuite.

Ce qui frappe, tout d'abord, dans l'organisation communiste, c'est l'effrayante extension donnée à l'Etat. La plupart des révolutions ont eu pour objet exprès de restreindre le pouvoir et d'agrandir la liberté. Le communisme rend au pouvoir plus que les révolutions ne lui ont enlevé; il lui donne tout, jusqu'à la suprématie sur nos personnes, sur notre travail, sur notre vie, jour par jour, heure par heure. Quelles garanties trouvera-t-on jamais contre l'Etat lui-même, porté à ce point d'omnipotence? Il faudrait au moins le boulet que Marat voulait attacher au pied de son dictateur.

Et comment concevoir un personnel gouvernemental capable de remplir la mission sans bornes qui lui incomberait? Or, le communisme ne possède qu'un recours contre l'excès de gouvernementalisme, c'est que tout le monde y ait accès, c'est-à-dire que le pouvoir soit exercé sans garantie de capacité spéciale. Quelle étrange contradiction!

Mais ce qui ne frappe pas moins, dans le communisme, que la colossale puissance de l'Etat, c'est l'asservissement du citoyen. Il n'y en eut jamais de comparable au monde!... Comment supposer que l'homme moderne puisse accepter un pareil joug? Les sauvages du Paraguay ne voulurent pas conserver à ce prix un bien-être inouï pour eux. Ils aimèrent mieux retourner à l'existence nomade et famélique des forêts. Et encore, pourrait-on compter sur le bien-être matériel, en compensation de la liberté? — Rien de moins probable. Le ressort de l'intérêt personnel brisé, que serait la production des richesses? Voyez les communaux.

Plus de progrès, plus d'ardeur d'entreprise, plus de formation de capitaux. Il faudrait bientôt faire économie de tout superflu, de tout art, de toute élégance, et réduire chacun à la portion congrue. C'est ce que les législateurs du communisme ont, par avance, décidé. Toute civilisation étoufferait dans cette atmosphère. La société se dissoudrait, ou plutôt le despotisme la reconstituerait pour son propre compte.

Il est facile, du reste, de comprendre pourquoi une théorie qui semble inspirée par les plus généreux sentiments, aboutit à des résultats si funestes.

Le communisme repose sur une fausse conception de l'individu et de la société. 1° Quant à l'individu, il le croit, d'une part, assez bon pour faire abnégation continue de ses droits et désirs personnels par dévoûment social ; d'autre part, tellement mauvais que si on le laisse libre dans l'emploi de ses forces, dans la poursuite de ses intérêts, dans la possession des fruits de son travail, il est anti-sociable, spoliateur, ennemi et fléau de ses semblables. 2° Quant à la société, le communisme estime, d'une part, que l'on doit s'en prendre à elle de toutes les misères de l'individu, et que le bien-être général n'est qu'une affaire de répartition ; d'autre part, que la société a tout droit sur chacun de ses membres, qu'elle peut en user à son égard comme bon lui semble, lui imposer le sacrifice de ses droits et de sa liberté, sous prétexte de faire son bonheur. Le communisme n'aurait qu'une voie de succès, d'après ces appréciations, ce serait de fournir un spécimen concluant de son organisation, sans avoir recours à l'autorité sociale.

Mais on nous dit : « Il ne s'agit plus de doctrine absolue et tout d'une pièce. Ce n'était là que l'enfance du socialisme. Il s'agit simplement aujourd'hui d'apporter des limites aux excès du principe individualiste, et cela sans fouler aux pieds la liberté. Il s'agit de fournir aux masses populaires des armes défensives contre l'oppression et la misère que leur inflige le capitalisme et l'inégalité des conditions. En un mot, il y a un socialisme libéral, aussi éloigné du despotisme politique et des théories de centralisation excessive que du *statu quo* économique et de la démocratie bourgeoise. »

SIXIÈME SÉANCE

Proudhon.

Peut-il y avoir un socialisme libéral, c'est-à-dire une théorie d'organisation économique, capable d'annihiler l'antagonisme des intérêts, ou bien de faire disparaître l'inégalité des conditions, sans porter atteinte à la liberté et au droit personnels, sans placer toute l'économie sociale sous la main de l'Etat ?

Un homme s'est rencontré qui a entrepris d'accomplir cette tâche; cet homme c'est Proudhon. Il avait bien conscience de la colossale grandeur, sinon de l'impossibilité de l'entreprise, car il commence un de ses principaux ouvrages en disant: « je changerai la direction du mouvement de l'univers, je détruirai le monde ancien et je construirai un monde nouveau. *Destruam at œdificabo.* »

Stupéfaite de tant d'assurance, pour ne pas dire de tant d'orgueil, l'opinion publique a accusé Proudhon de n'être qu'un sophiste, de chercher la gloire dans la négation effrénée de toutes les idées reçues ; de ne se plaire que dans la contradiction.

Que cette manière d'apprécier Proudhon ait du vrai,

je le crois; cependant on ne peut pas s'empêcher de reconnaître qu'il possédait une intelligence hardie, une puissance de réflexion tout à fait hors ligne, une souplesse de raisonnement prodigieuse, une vigueur de style incomparable. Proudhon s'est constitué l'adversaire, pour ainsi dire, de tout le monde, et, dans la plupart des luttes qu'il a soutenues, la victoire lui est restée. Il n'a été vaincu que par la science économique et par ses propres contradictions.

Au demeurant, le socialisme d'aujourd'hui vit sur les idées de Proudhon, amalgamées avec le communisme. Seulement, la plupart de ceux qui professent ces idées ne savent pas, ou bien feignent d'ignorer que Proudhon s'est rétracté lui-même sur le point fondamental de ses théories anciennes, sur la propriété.

Proudhon était-il socialiste? Très-souvent il repousse cette qualification. Il se déclare le représentant de la révolution contre le socialisme lui-même, aussi bien que contre toutes les doctrines économiques et politiques. « Je suis le batteur en grange de la révolution, » s'écrie-t-il.

Mais l'œuvre à accomplir est, à ses yeux, avant tout négative. Pour arriver à la société libre et juste, l'humanité, dit-il, avait à renverser trois tyrans: Dieu, le Roi, le Capital. La philosophie a fait justice de Dieu; 93 a fait justice du roi; il se charge, lui, du capital.

Cependant Proudhon est socialiste, tout d'abord par sa critique violente, exagérée de l'ordre social actuel. Il admet bien l'antagonisme des intérêts ; mais, à son jugement, ce fait naturel ne perdra sa malfaisance que par la destruction de la propriété et du capital. Ensuite, plus ne sera besoin de recourir à une protection gouvernementale : la société reposera sur un simple contrat de mutualité. Bien loin de s'adresser au communisme pour faire régner l'égalité et la justice, il faudra, au contraire, abolir l'Etat et arriver à l'*an-archie*, c'est-à-dire à l'absence de gouvernement.

Tout cela demande à être expliqué.

Je vais tâcher de présenter en substance la série des idées organiques répandues dans les ouvrages de Proudhon. Ce n'est pas chose facile. Le fond y disparaît sous une forme exubérante, pleine de fantaisie, de verve passionnée, sachant présenter des thèses, pour ainsi dire inconcevables, de façon à les rendre séduisantes.

On trouve, dans cet écrivain, un mélange de simplicité et de franchise poussée jusqu'à la sauvagerie, — des allures de paysan du Danube, — jointes à beaucoup de finesse, de ruse même, et à la plus subtile ironie. C'est un Protée presque insaisissable. Je ne crois pas qu'aucun des disciples de Proudhon ait jamais bien compris son maître. Telle est, chez cet homme, la mobilité du fond, qu'il s'échappe, en quelque sorte, à lui-même.

Proudhon débuta, en 1840, par la publication de son premier mémoire sur la propriété, se résumant dans cet aphorisme : « La propriété c'est le vol ! » Mais, par propriété, il n'entend pas la *possession*, qu'il considère comme juste et nécessaire. L'abus naît seulement de cette appropriation sans réserve, qui permet au propriétaire de faire payer aux non-propriétaires les effets de la productivité innée du sol. C'est ce qu'on nomme *rente foncière*, quand la terre est affermée.

Il en faut dire autant du capital, que Proudhon spécifie surtout par l'argent et qui, prêté, procure un intérêt au prêteur. Cet intérêt est aussi illégitime que la rente foncière. Il n'existe, aux yeux de la justice, que des produits du travail, devant s'échanger entre eux sur la base de l'équivalence. Tous les travaux se valent, à égalité de temps et d'intensité, parce que tous sont utiles. C'est la division des fonctions qui fait que chaque homme se charge spécialement d'un genre ; d'où réciprocité de services entre tous. L'inégalité qui peut résulter des frais d'apprentissage et des chances de chômage doit faire l'objet d'une assurance mutuelle. Les incapables d'une besogne, égale à toute autre, doivent être aussi indemnisés pour que l'exacte mutualité triomphe.

Au reste, les inégalités de puissance des travailleurs naissent d'un mauvais classement, procédant lui-même d'une mauvaise organisation sociale et du manque d'instruction commune. Ce sont les priviléges du propriétarisme et de capitalisme qui maintiennent cet état choses.

Les causes factices d'inégalité une fois détruites, la liberté suffit pour amener une égalité croissante. Pas n'est besoin de l'intervention de l'Etat, qui est toujours compressive de la liberté.

Il ne faut pas même réglementer la *possession*. En organisant la mutualité des services et de l'assurance, on réalise l'égalité des services ou on s'en rapproche le plus possible.

Mais comment faire disparaître la rente foncière et l'intérêt ? — Au moyen du crédit gratuit. Une banque foncière prêtera au cultivateur de quoi payer, en majeure partie, la terre qu'il cultive, et il remboursera le prêt par annuités, à l'aide de la rente foncière elle-même. Si les vieux propriétaires s'entêtent, on pourrait bien en venir à la *liquidation sociale*. Le capital sera de même désemparé, au moyen du crédit gratuit, à court terme, qui dispensera le producteur d'emprunter à intérêt. Une banque d'échange y pourvoira.

Restera, quant à la propriété foncière, l'inégalité de fertilité des terres. Il y sera obvié, au point de vue de l'égalité sociale, par une contribution des possesseurs de terres plus fertiles en faveur des possesseurs de terres moins fertiles. L'indemnité réglée, la plus-value qu'ajoute au sol le cultivateur intelligent et actif lui échoit légitimement. Conserver le sol en bon état est déjà comme une rénovation continuelle de ce sol. Quoi de plus juste que d'en assurer les profits à son auteur ?

Mais il faut en finir à jamais avec la rente foncière proprement dite. C'est l'office de l'impôt. Il se composera exclusivement : 1° des deux tiers environ de la rente foncière ; 2° de l'indemnité payée pour les terres plus fertiles. Cette assiette de l'impôt mettra une limite précise au budget des dépenses gouvernementales. Dès lors les propriétaires seront intéressés à surveiller ces dépenses dont ils feront tous les frais. Cette théorie de l'impôt semble empruntée à la doctrine des économistes français du XVIIIe siècle, dits physiocrates, et Proudhon confesse l'analogie.

Ainsi : la propriété, purgée du vice radical de la rente foncière ; le capital, dépouillé de l'*intérêt ;* l'égal échange des services constitué sur la base de complète réciprocité, voilà le socialisme organique de Proudhon. La cheville ouvrière du système ou sa clef de voûte, c'est le crédit gratuit.

Comment l'obtenir ou le constituer ? Au moyen de banques, — banque foncière et banque d'échange, — substituant au numéraire des signes représentatifs, sans valeur intrinsèque et pouvant, par là même, se prêter sans intérêt. L'instrument essentiel de la tyrannie du capital, c'est l'argent. Il faut donc désemparer l'argent de son rôle usuraire. Les travailleurs échangeront entre eux leurs services et produits au moyen du *bon d'échange*, qui sera fourni par la banque à chacun, soit contre dépôt de valeurs, soit contre hypothèque, soit même contre certificat de commande de travail. Ces avances se feront au taux d'un ou d'un et demi pour cent. Ainsi tombera l'intérêt de l'argent et, dès lors, tout capital, non directement employé par son possesseur, pourra être obtenu sans intérêt, puisqu'il mourrait improductivement entre les mains du détenteur. Le capital est, en effet, improductif de sa nature, c'est-à-dire, sans l'action du travail. Donc l'entrepreneur-capitaliste qui prend une part de la production, à titre de profits du capital, restreint indûment d'autant la rémunération légitime du travail, qui est seul producteur. Ainsi le travailleur est obligé de racheter, comme consommateur, son propre produit plus cher qu'il ne l'a vendu; d'où misère d'un côté et parasitisme de l'autre, se générant perpétuellement.

Ce fut sur ce point qu'eut lieu la célèbre polémique de l'économiste Bastiat avec Proudhon, dans la *Voix du peuple*, journal de ce dernier, en 1849. Bastiat démontrait: 1° la formation incessante du capital par l'épargne et la légitimité de sa possession; 2° sa productivité comme auxiliaire indispensable et, chaque jour, plus puissant, du travail; 3° la nécessité et la bienfaisance de l'*intérêt*, condition et fruit de la coopération du capital ou des services rendus par lui.

Proudhon admettait la raison d'être de tout cela dans le passé, mais soutenait que l'organisation du crédit gratuit y suppléerait désormais. Il finit cependant par concéder que la commandite est une véritable association du capital et du travail, et donne des droits de partage au premier avec le second. C'était abjurer sa thèse.

En 1850, Proudhon tenta la mise en œuvre de ses idées par l'établissement de la *Banque du peuple*. Mais la souscription actionnaire se réduisit à une somme de 16,000 francs, qui furent rendus.

Toute la théorie proudhonienne repose sur des notions fausses. La propriété foncière n'est pas d'une nature différente que la propriété mobilière. Elles émanent pareillement du travail et de l'échange ; et, dans l'une comme dans l'autre, le fond doit suivre la forme, sous peine de spoliation du travail.

La nature du capital et son origine furent constamment méconnues par Proudhon. Tantôt il le confondait avec l'argent, tantôt avec la matière première et l'accusait de stérilité. La plus simple analyse des faits fait justice de ces erreurs. Le capital est aussi nécessaire, aussi inhérent à la production que le travail. Le prêt du capital n'est qu'une des formes de son emploi et ne change ni son origine ni ses droits.

L'égalité appliquée, soit aux facultés de l'homme, soit aux produits du travail, soit aux instruments de la production, est une pure chimère. La vraie égalité gît dans la liberté de faire, qui doit être égale pour tous, et non dans la puissance personnelle de faire, qui est essentiellement inégale. Ne vouloir mesurer la valeur du travail que par son intensité et sa durée, c'est faire abstraction de sa qualité, prérogative éminente du travail humain. D'ailleurs, le mesurage de valeur du travail par l'intensité et la durée suffirait pour amener l'inégalité des effets du travail d'un homme à un autre, et par conséquent l'inégalité des services et des produits, partant, des conditions. Il n'y a que le communisme qui puisse vaincre cette inégalité.

Au reste, Proudhon cherchait vainement à se griser lui-même de sa dialectique et de sa manie de contredire. Il se sentait intérieurement vaincu. Aussi écrivit-il un dernier livre sur la propriété dans lequel, tout en s'efforçant de justifier ses négations antérieures, il conclut à la légitimité et à l'invincible existence de la propriété.

Proudhon, dans ce livre, présente la propriété comme le fondement de toutes les libertés politiques et civiles modernes, comme le seul rempart de la démocratie contre l'arbitraire gouvernemental. On peut citer plusieurs passages du livre en question, qui ne laissent aucun doute sur son véritable sens, celui-ci entre autres :

« ..... La propriété est un fait universel, sinon en « actualité, au moins en tendance ; un fait invincible, « incompressible, auquel tôt ou tard le législateur de- « vra donner sa sanction ; qui renaît de ses cendres, « comme le phénix, lorsqu'il a été détruit par les ré- « volutions et que le monde a vu se poser à toutes les « époques comme l'antithèse de la caste, la garantie de

« la liberté, et je dirai presque l'incarnation de la jus-
« tice. » (*Théorie de la Propriété*, page 75.)

Et ce n'est plus de simple possession qu'il s'agit ici, mais de souveraineté absolue et personnelle, comportant toutes les prérogatives de la pleine propriété, telle que la conçoivent et l'établissent les codes modernes issus de la Révolution.

C'est dans la puissance d'abus elle-même, inhérente au droit de propriété, que Proudhon découvre maintenant le témoignage et les garanties de sa destinée comme corollaire de toutes les libertés civiques. Il ne fallait rien moins, à ses yeux, pour contre-balancer la puissance d'arbitraire et d'abus qui est inhérente aussi au Pouvoir. L'équilibre social doit précisément résulter de l'antagonisme de ces deux principes, pareillement absolus par essence et pareillement abusifs, la propriété et l'État, en d'autres termes, la liberté et l'autorité se contenant mutuellement. Il n'y a pas d'autre terme de fusion ou de synthèse à chercher. Ce serait, au dire de Proudhon, pour n'avoir pas compris cela plus tôt, qu'il a tant combattu la propriété.

Les abus de la propriété et du Pouvoir doivent trouver leur correctif dans un ensemble de conditions, telles que mobilisation du sol, séparation des pouvoirs, décentralisation, réforme de l'impôt, banques de circulation et de crédit, associations industrielles, organisation des services publics, etc. En traçant un tel programme, Proudhon se montrait plutôt économiste que socialiste, bien qu'il continue jusqu'au bout à déblatérer contre la science économique. Mais le génie de la contradiction ne pouvait s'éteindre en lui avec l'opposition des idées.

SEPTIÈME SÉANCE

Le mouvement coopératif.

Il était impossible qu'un travail aussi considérable d'idées et de sentiments que celui qui a enfanté le socialisme de notre époque, demeurât complétement stérile. Ses sectes utopiques se trompaient sur la cause du mal social et sur les moyens d'y remédier ; elles étaient dans le vrai en plaçant au premier rang des préoccupations économiques et sociales l'extinction du prolétariat. C'est la grande œuvre de notre siècle.

Le mouvement coopératif, ou l'association ouvrière, volontaire et partielle, correspond éminemment à cette œuvre. Et l'on ne saurait lui dénier sa provenance socialiste. Les premières associations partirent du communisme et en appliquèrent les principes : négation du droit de propriété personnelle, égalité absolue, absorption de l'individu dans la solidarité collective. L'expérience a rectifié ces erreurs originelles ; mais le point de départ et le but général n'ont pas changé.

Le mouvement coopératif possède, d'ailleurs, des principes qui lui sont propres et qui remédient aux erreurs des sectes. Il demande tout à l'initiative personnelle et à la liberté. C'est du vrai libéralisme. Il substitue l'association partielle, s'organisant diversement, selon l'objet en vue, à des systèmes d'association en bloc, voulant jeter toute l'économie sociale dans un moule inflexible et absolu. Enfin, il prend pied sur le terrain des faits existants et se place ainsi sous la discipline de l'expérience. Avec de telles bases, il ne pouvait manquer de se rendre acceptable à l'opinion publique et de conquérir les sympathies du monde éclairé.

Le mouvement coopératif commença dès les premières années qui suivirent la révolution de 1830. Buchez traça le plan d'associations ouvrières, fondées sur un communisme chrétien. A cette époque et à ce type appartient une société de bijoutiers, fondée à Paris en 1834, qui existe encore aujourd'hui. La célèbre association de Rochdale, en Angleterre, date de 1844. Ses fondateurs procédaient du mouvement inauguré par Robert Owen.

En 1848, il y eut comme une explosion d'associations ouvrières, favorisée par la présence de l'élément socialiste dans le gouvernement provisoire et dans la Constituante. Cette assemblée vota même trois millions pour aider à la formation des sociétés, au moyen de prêts. Plus de cinq cents demandèrent à en obtenir. La société des veloutiers de Lyon reçut 200,000 fr. à elle seule. Elle a été liquidée en 1861.

Les idées communistes qui prévalaient dans la plupart des associations de cette époque, le désarroi général des affaires, les inconvénients inhérents à l'immixtion de l'Etat dans le domaine économique, amenèrent la décadence du mouvement sociétaire de 1848. En France, il ne survécut qu'un petit nombre d'associations, grâce à l'énergique persévérance de leurs membres et aux réformes qu'ils introduisirent dans les statuts primitifs.

Mais, dès 1851, un essor nouveau, et cette fois émanant de l'esprit libéral, était donné en Allemagne à l'association ouvrière, par la fondation de banques de crédit mutuel, dont la réussite fut immédiate et qui se sont multipliées et développées, depuis lors, d'une façon merveilleuse. En Angleterre, l'exemple des pionniers de Rochdale avait trouvé des imitateurs dont le nombre allait toujours croissant, comme le succès. En France, une période d'arrêt se produisit depuis la chute de la république. Cependant on vit, pendant cette période, des créations nombreuses d'institutions ouvrières, mais procédant en bonne partie de l'initiative des chefs d'entreprise. Telles furent les cités ouvrières d'Alsace, les magasins de denrées alimentaires, caisses de retraite, etc., fondés par plusieurs compagnies de chemins de fer pour leurs employés, la participation des salariés aux bénéfices, instaurée dans beaucoup d'entreprises, les sociétés de secours mutuels, dont l'Etat favorisa le développement, sous son patronage.

Vers 1862, le mouvement se ranima en France, par

l'influence de ses brillants succès en Angleterre et en Allemagne, et adopta le nom anglais de *sociétés coopératives*, moins vague que celui d'associations, et qui exprimait les rectifications opérées à la théorie organique de ces entreprises. En deux ou trois ans, un très-grand nombre de sociétés coopératives se fondèrent, les unes de consommation, comme en Angleterre, d'autres de crédit mutuel, comme en Allemagne, d'autres, enfin, plus nombreuses, de production, qui caractérisent spécialement la tendance du mouvement français.

Les sociétés fondées dans cette dernière période ont profité de l'expérience acquise par leurs devancières et mis de côté à peu près toute visée utopique. Cependant le succès, en France, ne se dessine pas encore d'une façon aussi décidée qu'en Angleterre et en Allemagne. Cela tient surtout à ce que les sociétés de production présentent beaucoup plus de difficultés. D'une part, elles exigent un capital de fondation que leurs promoteurs ne possèdent point; d'autre part, leur conduite demande une connaissance et une aptitude de direction des affaires qui ne s'improvisent pas plus que le capital matériel.

On a voulu y suppléer par l'office de banques d'escompte et de commandite, telle que la Caisse *Beluze* et la Caisse *Walras*; mais ces deux banques ont péri à la tâche. D'autres cependant réussissent, à force de prudence et de dévoûment, comme le *Crédit au travail* de Lyon.

En somme, le mouvement coopératif a conquis sa place au soleil et se développe librement sur le terrain du droit commun. L'opinion lui appartient. Il a déterminé une réforme de la loi sur les sociétés commerciales. Il exprime le vrai triomphe du mouvement socialiste contemporain.

Cela tient à ce que, tout en procédant du socialisme, il se rattache à la marche générale de la civilisation moderne.

Il est d'abord un fruit de la liberté du travail, sans laquelle il ne pourrait même pas se produire. Il en est, par contre, le correctif, au point de vue des excès d'individualisme ou d'isolement que la liberté absolue du travail peut entraîner. Les économistes avaient signalé ce besoin de contre-poids : « Dans les « sociétés modernes, dit Rossi, l'individu est trop « isolé, trop concentré en lui-même... Cette même indé- « pendance personnelle qui l'élève devient une cause « de retardement et de faiblesse pour tous. Le correc- « tif se trouve dans des associations volontaires qui « multiplient les forces par l'union, sans ôter à la « puissance individuelle ni son énergie, ni sa moralité « et sa responsabilité, etc. »

Il en a été de même à toutes les époques de rénovation de l'histoire. — Chacun sait le rôle immense que l'association des capitaux joue dans l'industrie moderne. Ce rôle n'est pas moindre pour l'association des études dans le domaine scientifique. La coopération ouvrière n'est donc qu'une application de plus du principe.

Mais une association d'ordre économique est-elle possible sans capital antérieurement existant ? — Oui, elle a deux forces créatrices, le travail et l'épargne, qui sont, après tout, les vraies et premières sources de toute richesse. Est-ce que les caisses d'épargne et les sociétés de secours mutuel n'ont pas, en un demi-siècle, réuni des milliards ?

Il est incontestable que les sociétés coopératives ont à éviter bien des écueils. Elles supposent, chez leurs fondateurs, de nombreuses qualités : courage porté jusqu'à l'héroïsme, constance, support et confiance mutuels, discipline, haute moralité, esprit d'épargne, respect des droits individuels, etc. En outre, les sociétés de production ne peuvent guère réussir, quant au commencement, que dans un cadre d'entreprise restreint et où la main-d'œuvre domine le capital. Pour les sociétés de consommation et surtout de crédit, c'est au contraire sur le grand nombre des coopérateurs que se fonde le succès.

Ces considérations expliquent le découragement que la coopération fait naître chez beaucoup d'ouvriers après ou avant même une première tentative. On s'explique aussi par là le peu de confiance qu'elle inspire à beaucoup de personnes et à un partie des économistes. Mais son plus redoutable obstacle se trouve dans l'opposition qu'elle soulève aujourd'hui chez beaucoup de socialistes de vieille roche.

Ceux-ci lui reprochent de détourner les ouvriers soit

de la poursuite d'une rénovation sociale complète, soit de la lutte à outrance contre le capital, et de tendre, en fin de compte, à constituer une nouvelle classe de capitalistes. Les sociétés Lassaliennes, en Allemagne, les *trade's unions*, en Angleterre, les *mutuellistes* et *collectivistes*, en France, professent cette manière de voir à l'égard du mouvement coopératif.

Reproches bien injustes, d'ailleurs. Une rénovation intégrale du monde ni la guerre à outrance contre le capital n'ont aucune chance de succès, et, quant à la formation d'ouvriers capitalistes, c'est le vrai mérite de la coopération. Mais cela ne correspond point à l'illusion, inhérente aux sectes socialistes, de croire qu'on peut transformer la société entière d'un seul coup, supprimer toute cause de misère, réaliser l'égalité absolue des conditions. Le vrai progrès économique des temps modernes consiste, au contraire, dans un accroissement gradué du nombre des propriétaires et capitalistes, tant par l'exhaussement général de la richesse que par l'effort individuel et l'épargne.

Le mouvement coopératif est en harmonie avec cette loi du progrès. Il crée des capitalistes par les bons moyens, et fait l'éducation économique des classes ouvrieres. Pour ne pas voir tous les bons ouvriers se lancer dans la coopération, les chefs d'entreprises seront poussés à les retenir au moyen d'une amélioration de position, et, notamment, en adoptant le principe de la participation du travail aux bénéfices. Ainsi s'accroîtra, dans les deux sens, le nombre des capitalistes.

On ne saurait, dès aujourd'hui, déterminer quel sera le dernier mot du mouvement coopératif. La divergence d'opinions, sous ce rapport, est inévitable. Mais ce qui échappe à toute incertitude, c'est la valeur sociale et morale du mouvement. Il initie pratiquement les salariés à la connaissance des grandes lois de l'économie politique, origine, nature, formation des capitaux, organisation et conduite des entreprises, empire de la concurrence, fécondité de l'épargne, etc. Il fait mieux sentir aux capitalistes la puissance du travail et la nécessité d'une union de plus en plus intime entre les divers facteurs de la production. Il démontre à tous que la liberté est le principe de toutes les transformations et de tous les progrès ; que l'individualité et la collectivité, loin de constituer des forces ennemies, tirent de leur rapprochement un dégré supérieur d'efficacité, sans rien perdre de leur indépendance et de leur autonomie propres.

HUITIÈME SÉANCE

Le socialisme militant.

Le mouvement coopératif n'est pas le seul produit aujourd'hui vivant de la propagande des écoles utopiques. Ces écoles ont à peu près disparu, mais il en est sorti comme une doctrine générale, empruntant quelque chose à chaque théorie primitive et s'inspirant de leur esprit commun. On peut donner le nom de « Socialisme militant » au parti qui s'est formé autour de la doctrine dont il s'agit. Cette qualification caractérise assez exactement l'attitude de ce parti vis-à-vis l'ordre social actuel.

Si, depuis dix-sept ans, il eût été possible de discuter les idées socialistes, et si une œuvre générale d'éducation économique eût été immédiatement instaurée, peut-être en aurions-nous fini aujourd'hui avec le socialisme militant. Mais on crut nécessaire au salut de l'ordre de suspendre la liberté de discussion publique, et on s'imagina que la fièvre d'utopie trouverait son remède dans un régime de silence forcé. Il serait difficile de décider si cela était ou n'était pas nécessaire; ce qu'il y a de certain, c'est que du jour où le système employé se détendit, les idées qu'on croyait mortes, firent explosion, avec la force d'un gaz élastique, longtemps comprimé, qui rencontre tout à coup une issue.

Nous nous trouvons aujourd'hui en face d'une recrudescence de socialisme militant, analogue, en principe, à celui de 1848, mais possédant ses allures propres, qu'il importe de déterminer avec précision. L'œuvre est délicate et demande autant d'impartialité que de connaissance des choses.

Le premier caractère du socialisme actuel, c'est de viser à une organisation unitaire, internationale. Dans les congrès socialistes siégent des délégués de tous les pays européens où le mouvement se propage, et les résolutions prises par ces assemblées sont acceptées partout comme bases d'organisation et d'action.

Nous n'avons donc plus affaire à des éléments isolés, sans relation directe entre eux, sans autre lien qu'une vague analogie de principes. Le socialisme français, anglais, belge, suisse, etc., tend à se constituer en un seul corps, obéissant au même mot d'ordre, et soumettant les vues et les efforts partiels à une discipline d'ensemble.

Le second caractère, qui tient de près au premier, c'est de n'être plus une question de sectes, d'écoles, de théorie, mais une sorte d'entrée en campagne où tout le monde marche d'accord pour combattre, sans trop s'inquiéter du dénoûment.

Le but commun à atteindre peut se résumer en unc

phrase : abolition du salariat. Par salariés, le socialisme entend exclusivement la catégorie d'ouvriers qui exécutent les travaux de main-d'œuvre. Il n'existe pas, à ses yeux, d'autres travaux productifs. Mais l'abolition du salariat, ainsi défini, implique ou entraîne l'abolition du patronat, c'est-à-dire du rôle d'entrepreneur-capitaliste, et la prise de possession totale du gouvernement de l'industrie par les ouvriers de main-d'œuvre.

Cette visée n'est rien moins que le manifeste d'une révolution sociale, dont la bourgeoisie subirait les effets, comme l'ancienne aristocratie subit ceux de la révolution de 1789.

Cependant, la révolution accomplie, que fera-t-on ?

Sur quelles bases se construira l'ordre nouveau ? — Sur celles de l'association coopérative. Seulement les groupes partiels, constitués en association, n'auront point la liberté d'allure et l'indépendance qu'elles trouvent dans le mouvement coopératif existant. Elles seront subordonnées au contrôle de l'Etat et rentreront dans un plan général d'organisation économique, reposant sur le *collectivisme* et le *mutuellisme.*

Pour bien comprendre le sens de ces deux mots, il faut recourir aux résolutions ou énoncés de principes, formulées dans les grandes assises du socialisme militant, notamment au congrès de Bruxelles de l'année dernière.

Il résulte de ces résolutions, que le *collectivisme*, c'est-à-dire l'appropriation sociale, doit embrasser tout le sol cultivable, y compris les forêts, les mines et houillères, les voies de communication, routes, canaux, chemins de fer, télégraphes. Des sociétés coopératives seront chargées de l'exploitation de toutes ces choses, à titre temporaire et aux conditions qu'y mettra l'Etat, pour qu'elles ne deviennent pas l'objet d'un monopole lucratif en faveur des sociétés fermières.

L'industrie, proprement dite, échappera à ce communisme, mais l'organisation du crédit mutuel international pourvoira à ce que le capital ne puisse procurer aucun intérêt ou rendement spécial. Enfin, l'échange sera organisé, sur le prix de revient des produits, au moyen de banques et de bons d'échange. Cette dernière partie du plan organique paraît se rapporter spécialement à ce qu'on nomme le *mutuellisme.*

En parlant de l'appropriation collective du sol, le Congrès manifesta une certaine réserve, tendant à faire croire que cette transformation de la propriété agricole serait abandonnée à l'action du temps, qui en «*fera une nécessité de l'évolution économique.*» On a peine à comprendre la véritable pensée du congrès sur ce point, et on pouvait croire qu'il n'émettait là qu'une opinion ou une espérance. Mais, au congrès de Berne, la délégation du congrès de Bruxelles érigea la collectivité du sol en question de principe et, à la suite de discussions orageuses, la majorité du congrès ayant voté le maintien de la propriété individuelle, les délégués de Bruxelles firent scission radicale contre ce vote.

Ainsi, tout le mécanisme organique du socialisme militant est subordonné à l'abolition de la propriété privée, sous ses deux formes principales, propriété foncière et exploitation lucrative du capital. Si l'on y joint la fixation absolue du prix d'après les frais de production, sans tenir compte, par conséquent, de l'inégalité de *bienfacture*, ni des vicissitudes de l'offre et de la demande, on reconnaît que le *collectivisme* et le *mutuellisme* ne sont qu'un communisme compliqué et incohérent, présentant tous les inconvénients du communisme pur et simple, sans en avoir les avantages ou, pour mieux dire, la possibilité de réalisation. Il serait donc inutile de soumettre à une longue analyse un pareil système.

Reste au socialisme militant sa puissance d'organisation et d'action, soit pour soutenir la lutte du salariat contre le patronat, au moyen de ce qu'il nomme les « sociétés de résistance, » soit pour intervenir dans la marche des événements généraux de l'ordre politique et social. A ce dernier point de vue, le socialisme présente une force incontestable par les alliances qu'il semblerait posséder sur le terrain religieux et sur celui des institutions civiles et des mœurs. Mais, dans le domaine économique, il ne rallie effectivement qu'une assez faible partie du prolétariat des grandes villes. Tout ce qui possède, tout ce qui occupe une position conquise, en industrie, même à titre de salarié, la presque totalité des classes éclairées et la profonde masse des populations rurales lui sont opposés ou indifférents.

Un trait spécial du programme d'action adopté par le socialisme militant, le principal peut-être, au point de vue partique, et, à coup sûr, le plus dangereux, parce qu'il peut se réaliser chaque jour, c'est une entente et une organisation nouvelles des grèves.

A toute époque, les ouvriers ont cru trouver dans la coalition un moyen d'amener le patronat à composition, soit pour l'exhaussement collectif des salaires, soit pour la diminution du travail, soit pour tout autre objet analogue. Mais, jusqu'à présent, ces funestes conflits étaient du moins demeurés des querelles de ménage dans l'atelier ou la manufacture. Le socialisme s'en est emparé et en fait des escarmouches de guerre sociale. Chaque grève partielle prend un caractère d'universalité. Elle est décidée en haut lieu et soutenue officiellement. Toutes les sociétés de corps d'état, rattachées, dans ce but, à une ligue générale, relèvent d'un pouvoir unique, qui se constitue l'arbitre suprême des revendications, exerce sur les individus une action aussi coercitive que les circonstances le permettent, et interdit aux patrons, comme aux ouvriers, l'arrangement direct de leurs différends.

La compensation offerte à chaque groupe, pour l'abandon d'initiative et de liberté qu'on lui demande ou qu'on lui impose, consiste dans des subsides de grève et dans la réciprocité d'aide matérielle et morale.

On obvie, par exemple, à ce que des ouvriers viennent du dehors prendre la place des grèvistes dans l'atelier abandonné par eux. On espère même, de la sorte, rendre durables les concessions obtenues du patronat, en plaçant ces concessions sous la surveillance de l'association générale et en les rendant peu à peu universelles. Ainsi la loi de l'offre et de la demande serait définitivement vaincue, et le travail contraindrait le capital à céder une part, chaque jour, plus grande de ses profits.

Il y a, sans nul doute, de l'habileté et de la force dans ce plan; on y reconnaît l'esprit des *trade's unions* anglaises. Ce sont en effet leurs délégués qui l'ont importé sur le continent, au moyen des Congrès ouvriers et de l'association internationale qui en est sortie.

Mais les lois du mouvement économique sont encore plus fortes, et tant que la liberté industrielle subsistera, en principe, aucune manœuvre de coalition ne saurait annihiler leur empire.

On peut d'abord affirmer que l'universalisation d'exhaussement de salaire — en tant qu'elle résulterait d'un sacrifice imposé de haute lutte au capital par le travail — est impossible. D'une part, les conditions de la production diffèrent trop d'un pays à un autre et même d'un temps à un autre, dans chaque pays; d'autre part, les besoins et les mœurs des classes ouvrières sont trop dissemblables.

De plus, y parviendrait-on, le problème ne serait pas

résolu. Cet exhaussement universel et simultané des salaires qu'on a en vue d'obtenir et de constituer, ne serait efficace que si, du même coup, on empêchait l'exhaussement du prix des produits que consomme l'ouvrier, ce qui est contradictoire avec l'exhaussement des frais de production, dont la main-d'œuvre est, en bien des cas, le principal. Il faudrait, en outre, empêcher que la consommation, généralement parlant, diminuât proportionnellement à l'augmentation du prix des produits; ce qui est non moins contradictoire.

On suppose que c'est le capital qui paierait les frais de la guerre. Seconde erreur non moins grosse que la première. L'abaissement de l'intérêt et des profits ne peut résulter que de l'abondance des capitaux et de la concurrence qu'ils se font à eux-mêmes. Si on veut faire sortir cet abaissement d'une violence exercée par le salariat sur le patronat, qu'arrivera-t-il? — Le capital tendra à se détourner de l'industrie pour se porter vers d'autres emplois, comme la propriété foncière, les spéculations de Bourses, le crédit public. Ce qui en restera dans l'industrie et le commerce montrera d'autant plus d'exigences, que la concurrence y sera devenue moins active et que les profits se trouveront restreints par les chances nouvelles d'insuccès que le régime créé, au nom du travail, fera peser sur le capital. En somme, donc, c'est le travail et non le capital qui souffrira le plus de ce régime.

Voilà, quant au côté purement économique, ce que

doit amener l'organisation des grèves, comme la comprend le socialisme militant.

Quant au côté social, les conséquences de cette organisation ne semblent pas moins désastreuses. Eriger la grève en duel systématique entre le salariat et le patronat, c'est porter une mortelle atteinte aux rapports nécessaires de concordance et d'action de l'une et l'autre classe, c'est leur ravir toute liberté et toute sécurité, c'est creuser entre elles un abîme infranchissable, de défiance, de haine, d'antagonisme à outrance, c'est provoquer des représailles désespérées, c'est, en un mot, travailler, de gaîté de cœur et pour un but chimérique, à la ruine commune.

Jusqu'à quel point, d'ailleurs, sera-t-il possible aux pouvoirs publics de rester spectateurs impassibles de ces dangereux empiétements de l'esprit de coalition sur les principes du droit démocratique et de la civilisation moderne? Ou bien ils se verront poussés à assumer le rôle de médiateur, à substituer la réglementation autoritaire au droit commun, et nous voilà sur la pente du communisme; ou bien ils seront réduits à faire de la répression, autre écueil pour la liberté; ou bien, enfin, ils devront tolérer, sinon provoquer une sorte d'armement spontané des classes les unes contre les autres, ce qui pourrait nous mener tout droit à la guerre civile.

La cause générale d'impuissance du socialisme militant est de sacrifier la justice et la liberté à une égalité contre nature. Il se trouve ainsi en contradiction avec le vrai progrès moderne. L'extinction du prolétariat ne saurait venir du dépouillement des autres classes, ni d'une lutte entre le pauvre et le riche. Si les efforts du socialisme aboutissaient réellement à cette lutte, ce serait la misère générale qui en sortirait. Tenir seulement suspendu sur la société le danger d'un pareil conflit peut amener des complications funestes et compromettre les destinées si fécondes de la démocratie. Il ne faudrait plus parler dès lors de réformes libérales, de désarmement, d'amoindrissement de l'appareil gouvernemental, etc.

Les petits pays, ayant une longue pratique de la liberté et confiants en elle, peuvent braver ce genre de périls, et même donner accès aux innovations, dans la limite des voies légales. C'est à peu près ce qui se passe aujourd'hui en Suisse. Mais les grands pays n'ont pas assez foi à la liberté et en ont trop au Pouvoir pour offrir une telle dérivation à l'esprit d'aventures. D'ailleurs, les moindres déceptions y seraient de trop de conséquence. Le socialisme ne saurait donc avoir, dans les grands pays, d'autre portée que celle de fournir des motifs plausibles ou des prétextes à l'ajournement des vraies réformes et à la restauration des abus d'autorité. Le socialisme militant joue, à cet égard, le rôle d'épouvantail.

Heureusement, il porte en lui-même son remède. La sincérité de ses sentiments et le besoin qu'il éprouve de se rendre acceptable lui font rechercher la lumière, la discussion, l'étude. Il est pénétré de la bienfaisance de l'instruction pour les masses populaires, et il reconnaît le rôle suprême qui appartient, dans notre siècle, à la science. Son redressement n'est donc qu'une question de temps, et il y viendra vite, si, au lieu de compression, on lui donne les moyens de s'éclairer.

NEUVIÈME SÉANCE

La conception économique. Liberté, propriété, solidarité.

Jetons un coup d'œil d'ensemble sur le chemin parcouru.

Notre siècle voit se produire un mouvement, un ordre de faits et d'idées aussi étrange qu'important. Sous l'inspiration générale de cet esprit de rénovation politique, économique, religieuse, etc., qui agite si fortement l'âge moderne, certains hommes se sont persuadé que, dans notre société, tout absolument est à refaire, et d'après des principes nouveaux; que les conquêtes de l'esprit démocratique ne sauraient donner ce qu'on en attend; que le progrès industriel surtout n'aboutit qu'à des mécomptes et à des contradictions; que plus la richesse s'accroît, plus le paupérisme grandit parallèlement; qu'en un mot, notre prétendue civilisation n'est que mensonge et injustice, souffrances imméritées pour les uns, jouissances mal acquises pour les autres, et qu'il est urgent de couper court au mal chronique dont tout l'organisme social est atteint, non par des réformes graduelles et partielles, mais en transformant cet organisme de fond en comble.

Ces hommes pensent en effet que c'est aux bases mêmes de l'ordre social qu'il faut s'en prendre de ses aberrations et de ses misères, que c'est dans les racines de l'arbre qu'il faut chercher le virus qui en empoisonne les fruits. « Ce virus, disent-ils, c'est l'individualisme, le conflit toujours plus ardent des intérêts particuliers entre eux. De ce conflit est née la propriété, qui ne peut s'établir que sur la spoliation des faibles, soit de leur droit au fonds commun, à la terre, concédée gratuitement à tous par Dieu, soit de leur part des richesses antérieurement produites avec l'aide de tous. Grâce à la propriété et au capital, on voit un petit nombre d'hommes vivant oisivement, au sein du luxe, tandis que les masses gémissent sous un labeur écrasant. Et telle est la logique des principes, que ce régime se perpétue et s'aggrave par le fait du progrès économique lui-même, tant qu'il reste livré à leur empire. Voilà pourquoi il faut tout renouveler, tout refaire à nouveau un plan déduit des principes contraires. »

Mais quel sera ce plan? — Ici, les réformateurs sociaux se divisent et se contredisent mutuellement. Les uns proposent le communisme complet, d'autres un demi-communisme, d'autres un régime égalitaire, s'établissant librement sur la négation du propriétarisme et du capitalisme.

Cette divergence des plans de réorganisation fut le

premier échec de l'esprit socialiste. Elle entraîna la lutte des écoles et leur répudiation mutuelle.

Cependant, on a cru y remédier en laissant de côté ce que chaque théorie avait d'exclusif et en se ralliant autour de leurs affirmations communes. Il en est résulté un programme de réformes sociales assez vague, se rapprochant du communisme, mais dont le trait culminant est ce qu'on nomme « l'émancipation du salariat, » c'est-à-dire l'attribution au travail de main-d'œuvre des profits du capital et du gouvernement de l'industrie.

S'il s'agissait seulement de poursuivre un pareil but, quelqu'irrationnel qu'il soit, par des moyens pacifiques et volontaires, tels que l'association coopérative, il n'y aurait qu'à laisser les faits se produire, en s'en remettant aux leçons de l'expérience du redressement des esprits dévoyés; mais les circonstances sont tout autres. Autour du programme dont nous venons de parler, un parti considérable se forme dans le dessein, franchement avoué, d'instaurer une lutte générale du prolétariat contre le patronat et même contre la bourgeoisie entière.

Telle est, en ce moment, la situation.

Que faut-il faire? Organiser la résistance, provoquer la compression?— L'Etat doit, sans doute, protéger l'ordre social, la liberté et la propriété individuelles; mais on ne peut triompher des idées que par les idées. Il faut donc étudier et discuter.

Quels sont les vrais fondements de l'ordre social? Le sait-on? Quelqu'un a-t-il approfondi ce sujet? — Oui, c'est pour cela précisément, et par suite de cette étude, que la science économique existe.

Préparée par une suite de travaux qui remontent jusqu'à Aristote, elle fut créée à la fin de ce XVIIIe siècle, sur les acquisitions intellectuelles duquel nous vivons aujourd'hui. Parmi les groupes de penseurs qui firent la gloire de cette époque, vraiment rénovatrice, il y en eut un dont les recherches se dirigèrent vers l'économie sociale, en y appliquant cette même méthode d'observation des faits à laquelle toutes les sciences modernes ont dû leur puissant essor. Le premier résultat de ces recherches fut de révéler aux *économistes* que l'ordre politique, établi alors, reposait, en bonne partie, sur des préjugés et sur des fictions légales; que la nature de l'homme, les besoins et les efforts de la sociabilité, et, en un mot, tous les phénomènes économiques, impliquaient l'existence d'un ORDRE NATUREL, tendant à se dégager graduellement, depuis l'origine des sociétés, des régimes conventionnels qui avaient, en apparence, prévalu.

Cette découverte sommaire une fois faite, l'œuvre de la science nouvelle consistait à découvrir pour ainsi dire un à un tous les éléments, tous les ressorts de cette société idéale et réelle en même temps, qui doit, seule, conduire le genre humain à l'accomplissement de ses destinées natives et providentielles ici-bas.

Ainsi la science économique, loin de se borner à une constatation de l'ordre de choses régnant et à l'acceptation pure et simple de cet ordre, comme tant de gens l'en accusent, débuta par une œuvre critique, aboutissant, pour le monde des intérêts, aux mêmes principes de réorganisation intégrale que proclamaient les philosophes pour le monde moral, les politiques pour l'Etat, les juristes pour le droit, etc. Et ces principes furent, de ce côté comme de tous les autres, puisés dans l'étude de la nature humaine. De là une admirable similitude entre les conclusions ressortant de toutes ces branches de travaux divers; de là, par conséquent, leur confirmation mutuelle, qui est devenue pour chacune un critère et un guide, et en même temps, l'indication du rôle qui lui était assigné dans l'œuvre générale.

L'économie politique n'a jamais dévié, depuis lors, de cette méthode et de ce but. Elle n'a jamais cherché les lois des faits que dans les faits eux-mêmes, étudiées sans opinion préconçue et dévoilant leur nature intime, tant par leur tendance même, que par leur concordance ou leur opposition avec tous les principes généraux du progrès moderne.

Eh bien! sur les points qui forment le fond du problème économico-social, les inductions de l'économie politique se trouvent être l'inverse des affirmations du socialisme. Celui-ci voit, dans le libre jeu des intérêts et dans la propriété individuelle, les causes du mal social; l'économie politique y voit au contraire les fondements de l'ordre économique naturel et définitif. Elle estime que plus la liberté et la propriété se développeront normalement, c'est-à-dire sur le terrain du droit commun, plus le mal social ira diminuant.

Au début des sociétés, la liberté des intérêts est presque nulle; le droit personnel à peu près inconnu. Le travail subit un asservissement plus ou moins complet; la propriété n'existe qu'à l'état de vague communisme ou bien est marquée d'un cachet de privilége. A mesure que la civilisation s'accroît, le travail et les intérêts tendent à s'affranchir; la propriété se constitue corrélativement. Mais ce n'est que dans l'âge moderne que ces grands principes reçoivent leur pleine consécration.

De ce moment, la production des richesses prend une accélération inouïe, et sa distribution s'opère de plus en plus selon les droits de chacun des producteurs. Aussi le nombre des propriétaires augmente-t-il avec une rapidité sans exemple dans le passé. Bien des injustices restent encore à réparer et bien des misères à éteindre; mais les résultats acquis démontrent que c'est de la liberté et de l'égalité du droit commun qu'il faut attendre tout progrès.

On peut donc affirmer, sans hésitation, en présence des résultats les plus indéniables de l'histoire, que les novateurs contemporains voient la cause du mal social précisément dans ce qui en est le remède et la source du bien précisément dans ce qui a produit le mal.

Cependant le grand argument socialiste contre l'antagonisme des intérêts et contre la propriété individuelle ne reste-t-il pas encore debout ? Que devient la loi de solidarité sociale dans un monde livré à l'individualisme ? Quel peut être le sort du faible, du simple salarié, dans un tel monde, où le propriétaire et le capitaliste usent, sans obstacles, de leur supériorité ?

Il y a, ici, trois grands termes à mettre en relief, liberté, solidarité, propriété, comme se soutenant et se complétant l'un l'autre.

1° *Liberté.* — Il est évident, de soi, que la liberté constitue la base de l'ordre économique naturel, et que son contraire, sous le nom de solidarité, forme le fond de l'organisation socialiste. La liberté manque totalement à cette organisation, — nous l'avons démontré.

2° *Solidarité.* — Mais la solidarité peut-elle survivre au naufrage de la liberté ?

La science économique n'hésite pas à répondre que la solidarité ne se réalise réellement, dans le monde social, qu'en proportion des garanties qu'y possèdent la liberté et la propriété individuelles.

Si l'on entend par solidarité l'absorption complète de l'individu dans la collectivité, la confusion absolue des intérêts, la négation du droit commun et de la responsabilité personnelle, le communisme seul peut réaliser une telle solidarité ; mais on voit à quel prix. Si on rattache ce principe à la concordance et à la dépendance des intérêts entre eux — dans les limites de la justice et de la possession pour chacun des fruits de son travail — et à la loi du secours mutuel, qui forme l'essence de la vie sociale, on découvre bientôt que c'est par la liberté et la propriété seulement, en tant qu'elles sont l'apanage ou le droit de tous, que la solidarité devient effective et féconde.

Entre le maître et l'esclave, pas de solidarité. Entre hommes libres, le besoin des services réciproques crée la sujétion mutuelle et solidarise les destinées. Ne relever de personne, c'est relever de tout le monde, et, compensativement, avoir tout le monde pour tributaire.

3° *Propriété.* — Il n'y a de propriété légitime que celle qui naît du travail. Or tout travail est fait pour le compte d'autrui. C'est donc la rémunération fournie par autrui qui crée la propriété entre les mains de ceux qui la méritent. Donc elle n'est que la réciprocité des services rendus ; donc son acquisiton est aussi un témoignage de solidarité. Une fois acquise, la propriété ne peut encore profiter à son possesseur qu'en raison des services qu'il rend, par elle, aux autres hommes. Elle est donc utile à tous. Son revenu même ne passe par les mains du propriétaire que pour se reverser, en mille formes, sur les non-propriétaires, à titre de salaires, de paiement des produits d'utilité ou de luxe. Cela est si vrai, que le riche qui ne dépense guère est accusé par la conscience publique de déroger à son devoir social. Le riche vit par les autres et les autres vivent par lui.

Cette même loi s'étend de peuple à peuple. Ils sont solidaires entre eux en raison de leur richesse respective; et si l'un est frappé dans sa puissance productive, les autres en souffrent pareillement, car ils ne trouvent plus à échanger. La solidarité s'accroît donc avec la propriété, comme avec la liberté.

Mais tous ces théorèmes découlent d'un théorème premier et suprême : l'accord fondamental des intérêts dans le milieu social. Le socialisme affirme, au contraire, l'antagonisme inné, fatal des intérêts. C'est donc là le terrain essentiel du débat entre le socialisme et l'économie politique. Il vaut la peine de s'y arrêter.

DIXIÈME SÉANCE

Théorème de l'accord des intérêts.

Tout le socialisme repose sur cette idée : les intérêts, livrés à eux-mêmes, abandonnés à leur tendance originelle, se constituent en hostilité mutuelle. L'intérêt de chaque homme cherche *naturellement* sa satisfaction dans le dommage d'autrui. C'est ce qu'exprime l'axiome vulgaire : « Le bien des uns fait le mal des autres. » Donc le monde social, sous un régime de pleine liberté économique, est une bataille d'intérêts. Bataille meurtrière et immorale. Donc il faut fusionner les intérêts, c'est-à-dire absorber l'intérêt particulier dans l'intérêt collectif.

Voilà bien la thèse du socialisme. Est-elle juste?

Il y a, sans nul doute, de l'antagonisme entre les intérêts particuliers. Même dans une association coopérative, mille sujets de lutte peuvent surgir. Mais est-ce là vraiment le fond de leurs rapports entre eux ?

Dans ce cas, pourquoi la société existerait-elle et comment se maintiendrait-elle ?

On convient cependant que la société a pour raison d'être l'aide mutuelle ; mais on ajoute que l'*individua-*

lisme la corrompt et la fausse. Qu'est-ce que l'individualisme ? — C'est l'intérêt personnel rapportant tout à lui-même. Voyons donc comment l'intérêt personnel se développe et agit dans le milieu social, abstraction faite, bien entendu, de tout appui factice, de tout privilége légal.

La vie, considérée au point de vue économique, a deux termes essentiels : produire et consommer. Comment s'opère la production ? Si égoïste que soit l'individu, est-ce pour lui seul et en opposition aux autres qu'il produit ? — Non, il produit pour les autres et avec leur concours. L'agriculteur cultive pour nourrir la société ; l'industriel pour la vêtir, la meubler, l'abriter, etc. Et, dans cette œuvre, chaque producteur travaille en collaboration d'un nombre infini d'autres producteurs. Il en est de même de ces agents généraux de toute entreprise que le socialisme voit en perpétuelle opposition : travail et capital. Ils ne peuvent rien l'un sans l'autre et manœuvrent de concert pour la consommation sociale. Que deviendrait la fabrique de Lyon, si elle ne faisait des étoffes que pour son personnel producteur ?

Mais, à quelle condition chaque homme produit-il pour autrui ?—A condition d'une réciprocité qui lui permette de pourvoir à sa propre consommation au moyen des produits d'autrui. Ainsi, chacun consomme les fruits du travail des autres hommes. Personne, ni riche, ni pauvre, ne pourrait vivre autrement.

Or, il résulte de ce merveilleux mécanisme que chacun reçoit incomparablement plus qu'il ne donne. C'est l'effet, d'une part, de la division du travail; d'autre part, de la solidarité sociale qui fait bénéficier l'individu des efforts généraux et même des acquisitions de tous les siècles passés.

Tel est, en réalité, le fond du mécanisme de l'économie sociale. D'où l'on voit que l'individualisme ou l'intérêt personnel se trouve contraint de chercher sa satisfaction dans la réciprocité des services et que si les institutions établies ne lui procurent pas le moyen de spolier les autres, il ne recevra qu'en proportion de ce qu'il aura donné. Ainsi s'explique, se justifie et se maintient l'existence de la société.

Mais les parts sont inégales; cela est-il juste? — Oui, si la part de chacun résulte d'un échange libre, c'est-à-dire si elle est en proportion avec les services rendus. Or, les forces étant inégales, comment les services rendus ne le seraient-ils pas?

Cette inégalité engendre la lutte, la spoliation du faible par le fort?—Non. La lutte et la spoliation viennent, en premier lieu, de l'insuffisance des moyens de satisfaction et de la tyrannie des instincts qui constituent l'état originel, celui qui domine éternellement dans la nature inférieure, où les animaux s'entre-dévorent. Elles viennent, en second lieu, des mauvaises institutions sociales. Ceci demande à être bien expliqué.

La société est instituée pour mettre chacun en possession de l'aide mutuelle et réaliser tous les bienfaits de la solidarité économique. Mais il faut que son organisation légale corresponde à son but naturel et ne dérive pas des principes contraires, c'est-à-dire de l'esprit d'antagonisme. Eh bien! l'ignorance et la suprématie des instincts ont eu précisément ce funeste résultat de tout faire organiser, au début, dans la société, en vue de la lutte et comme si tel était le vrai but de l'établissement social. L'instinct de solidarité lui-même s'est traduit par la coalition des antagonismes.

De là, antagonismes nationaux aboutissant à la guerre de conquête, au dépouillement mutuel et même, pendant la paix, aux hostilités commerciales : prohibition, protectionnisme, etc.; antagonismes de classes, opposant caste à caste et prêtant main forte à la domination et à l'exploitation des uns par les autres; antagonismes individuels, poussant chacun à chercher son profit dans le dommage infligé à autrui, par ruse, fraude ou violence; antagonismes économiques, mettant, au moyen de priviléges, de monopoles, de corporations fermées, de réglementation légale, les intérêts de ceux-ci à la merci des intérêts de ceux-là, et substituant aussi largement que possible la spoliation à la réciprocité des services. Le tout au nom de l'intérêt et de l'ordre publics.

Ainsi s'est agrandi artificiellement le rôle de la lutte dans l'économie sociale et, partant, l'inégalité des parts ou des conditions. On a élevé facticement les uns et abaissé facticement les autres.

L'histoire entière s'est déroulée sur cette trame. Cependant l'apogée du mal fut au point de départ, parce qu'il marquait aussi l'apogée de l'ignorance et de la suprématie des instincts. Mais, de siècle en siècle, le développement des lumières et la réforme des institutions tendirent graduellement à éliminer les causes factices d'antagonisme et d'insolidarité. Pas assez vite toutefois pour préserver les civilisations anciennes de l'action funeste des faux principes que recélait l'organisation légale. Ces civilisations ont donc péri successivement, victimes de l'antagonisme des intérêts qu'on y avait développé à plaisir.

Enfin, les temps sont venus où l'ordre naturel se dévoile et où tout cet attirail de lois et d'institutions, issues de l'esprit d'antagonisme, fait place au libre jeu des ressorts de l'économie sociale, basée sur le religieux théorème de l'accord inné des intérêts.

C'est la découverte de cet ordre naturel qui constitue l'œuvre de la science économique et qui fit prononcer à ses fondateurs du XVIIIe siècle ces mots célèbres : *Laissez faire, laissez passer*, expression du dogme de l'harmonie des intérêts et, conséquemment, de leur aptitude à la liberté.

Le socialisme pense tout le contraire et il invoque l'enchaînement absolu des intérêts que peut seul réaliser le communisme. C'est recommencer toute l'histoire. Il faut donc opter entre les deux dogmes, car ils sont l'opposé l'un de l'autre.

Mais l'accord des intérêts peut-il et doit-il être assez absolu pour supprimer tout antagonisme, toute lutte et toute inégalité des conditions ? — Non, il n'est possible de supprimer que l'antagonisme et l'inégalité factices. Il y a, dans la nature, dans la vie universelle et dans le monde humain lui-même, un certain degré d'antagonisme qui leur est inhérent et ne saurait disparaître. Il suffit d'observer notre propre être, où tant d'éléments contradictoires coexistent, pour s'en convaincre : le sentiment et la raison, la passion et la conscience, les préjugés et la connaissance, etc., etc.

Dans l'économie sociale, l'antagonisme a son rôle invincible et même nécessaire. Il sauvegarde la personnalité et la développe ; il enfante l'émulation, le dévoûment, le patriotisme, le progrès. Seulement, c'est sous la discipline du droit commun et dans le mécanisme normal de la vie économique qu'il doit agir. A ce prix, l'antagonisme, malgré ses inconvénients très-réels, aboutit au plus grand bien de tous.

Quelles seraient, en matière industrielle et commerciale, les garanties de la société contre l'égoïsme des producteurs, sans la concurrence ?...

Il faut en dire autant de l'inégalité des conditions. Ramenée à ces proportions naturelles, elle devient bienfaisante pour tous, en même temps qu'elle donne du ressort aux facultés individuelles, par l'espoir de l'illustration et de la fortune. Elle fournit son légitime et fécond principe à la hiérarchie industrielle et fait bénéficier l'œuvre collective de la supériorité de sa direction, de même qu'un bon général donne la victoire à ses soldats.

Quant aux abus sociaux qu'entraîne l'inégalité des conditions, ils viennent surtout des institutions légales qui agrandissent celle-ci et l'éternisent au profit exclusif d'une classe. Sur le terrain du droit commun, l'aristocratie de fortune se déplace, pour ainsi dire, sans cesse, comme celle du talent. A bien prendre, c'est moins encore le talent qui crée les inégalités de fortune durables, que l'épargne, l'économie et l'ordre. Une inégalité de conditions fondée sur de telles bases, ne sévit implacablement contre personne et profite, en dernière analyse, à tous, par la formation et la conservation des capitaux, instruments de la production générale.

ONZIÈME SÉANCE

Rapports du progrès économique avec le progrès politique et la Démocratie.

La foi au progrès est très-répandue aujourd'hui, et, par progrès, on s'accorde à entendre l'extension des lumières et l'amélioration générale des choses. En économie sociale, c'est l'accroissement de la richesse à l'avantage de plus en plus grand de tous. Mais l'accord des esprits cesse bientôt s'il s'agit de la marche du progrès et des moyens de le réaliser. Ainsi, le socialisme considère notre état social comme empirant chaque jour, et veut sa transformation complète.

Il en est à peu près de même au sujet de la démocratie. Presque tout le monde reconnaît que nous y tendons invinciblement. Les socialistes sont d'accord avec les économistes et avec tous les libéraux là-dessus. Mais comment doit se constituer la démocratie moderne ? A cet égard, la divergence d'idées est énorme.

Il y a les démocrates socialistes qui demandent à l'Etat l'organisation du travail, l'abolition de la concurrence, voire de la propriété, etc. etc.

Il y a les démocrates révolutionnaires, qui croient à l'omnipotence d'une dictature républicaine pour le triomphe de la liberté, de l'égalité et de la fraternité.

Il y a les démocrates bourgeois, qui érigent les faits accomplis en principes, et s'en tiennent à la réglementation au jour le jour, au profit des intérêts régnants.

Il y a les démocrates impérialistes qui attendent toute amélioration populaire et toute réforme sociale de l'initiative monarchique, pourvu qu'elle soit une délégation du suffrage universel.

Il y a enfin les démocrates néo-chrétiens, qui ramènent toute liberté et tout progrès à l'Evangile.

Donc, en somme, accord sur le mot de démocratie, ou sur la tendance générale qu'il exprime, diversité extrême sur son interprétation exacte et sur la question des voies et moyens. De là, perpétuelle contradiction pratique; action et réaction successives; lassitude, énervement croissant de l'opinion publique; de là, attachement ou résignation au *statu quo*, et parti pris de ne plus voir que des conquêtes matérielles, des perfectionnements techniques, dans le progrès; de là, enfin, sacrifice de la vie morale à la poursuite des jouissances *per fas et nefas*, c'est-à-dire par l'habileté sans scrupule, le jeu et l'intrigue.

Aussi l'enthousiasme qui marqua l'avénement de l'ère démocratique à la fin du dernier siècle, s'est-il terriblement refroidi, si ce n'est changé en scepticisme, et les triomphes positifs de la science comme de l'industrie moderne semblent profiter moins au progrès qu'à la discordance des idées et à la surexcitation des convoitises et des antagonismes.

Voilà ce qui explique l'énergie des deux contre-courants, qui se manifestent en opposition avec le mouvement social moderne. L'un veut ramener le monde au passé et prend son point d'appui précisément sur les déceptions réelles ou apparentes du progrès et sur l'impuissance de la démocratie à se définir elle-même et à s'organiser. L'autre prétend bien marcher vers l'avenir et croit procéder du principe démocratique; mais il n'en travaille pas moins à sa ruine. Il nie les résultats acquis; les plans de reconstruction qu'il oppose à l'ordre présent sont empruntés au passé.

Où chercher le salut, en face d'une telle anarchie d'idées, d'une pareille colision de forces incohérentes ou adverses? — Il ne saurait venir que d'un principe assez large et assez puissant pour rallier, concilier, diriger toutes les impulsions progressives et démocratiques, leur fournir un centre commun d'action, tout au moins eu égard à une partie essentielle de l'œuvre générale.

Eh bien, ce principe, la science économique le possède et l'offre. Elle ne prétend pas résoudre à elle seule tous les problèmes sociaux; elle ne touche directement ni à la morale, ni à la politique, ni à la religion.

Les intérêts forment son domaine propre. Mais en introduisant la lumière, l'ordre, l'harmonie dans ce seul domaine, elle donne à la démocratie et au progrès un point de départ et une direction précis, elle supprime les plus grands obstacles qu'ils rencontrent sur leur route.

On ne saurait, en effet, disconvenir que le problème des intérêts ne soit la principale pierre d'achoppement du progrès démocratique moderne. Ce problème, une fois résolu pratiquement, tout le reste s'arrangerait avec beaucoup moins de peine, et la démocratie posséderait une boussole presque infaillible.

Si la science économique fournit cette solution, elle se trouvera donc appelée à jouer un rôle initiateur dans l'organisation du monde moderne.

II

Qu'est-ce que la démocratie? — Suivant le sens étymologique, c'est le règne du peuple. Mais cette définition ne saurait nous suffire. Si le progrès politique tend partout à ce que la volonté, l'autorité du peuple soit mise au-dessus de l'autorité d'un homme — monarchie — ou de quelques hommes — olygarchie — c'est évidemment dans la supposition que, de la sorte, au règne de l'arbitraire et du privilége, serait substitué, non pas le règne d'un nouveau genre d'arbitraire ou de priviléges, rendu sacré par cela seul qu'il émanerait de la volonté populaire ou générale, mais bien le règne de ce qui est l'opposé de l'arbitraire et du privilége, c'est-à-dire de la liberté, de la justice égale pour tous, du droit commun, enfin. Il n'y a donc qu'une bonne définition de la démocratie, savoir : le RÈGNE DU DROIT.

Ces mots tracent, en effet, une séparation précise entre l'ordre politique, social, moral aussi bien qu'économique, auquel aspire notre civilisation, et tous les régimes antérieurs.

Cependant l'idée de droit n'est pas nouvelle, on l'a identifiée, à chaque époque, avec l'ordre légal. Droit divin, — droit romain, — droit féodal, — droit constitutionnel, etc. La science creuse plus avant et arrive au DROIT NATUREL, c'est-à-dire au droit qui dérive de notre nature. Or, notre nature propre consiste dans une intelligence consciente d'elle-même et dans une personnalité morale, libre et responsable. Le droit qu'il s'agit de faire prévaloir est donc celui de l'être humain, ainsi compris, le droit de la personne humaine.

Nos pères de la première heure démocratique l'avaient bien compris, quand ils plaçaient en tête de la nouvelle constitution politique et sociale une *Déclaration des droits de l'homme.*

Mais ici notre route bifurque, en quelque sorte, et il faut opter entre deux directions. Le droit naturel s'identifie-t-il au droit social, ou, si cela n'est pas, lequel des deux précède ou détermine l'autre ? — De prime abord, il semblerait, en bonne démocratie, que c'est du droit social qu'il faut partir, puisque l'homme ne saurait vivre sans la société ? Conséquemment il faudrait se placer au point de vue du droit social pour apprécier et fixer le droit individuel ou personnel ?

Or, c'est précisément ce point de vue qui a dominé les sociétés passées. On y partait d'un droit social quelconque, théocratique, monarchique, aristocratique, démocratique même, et ce qui en sortait, c'était le contraire du droit réel, c'est-à-dire le despotisme et le privilége, le contraire donc de la vraie démocratie.

Pour échapper à ce cercle vicieux, une acquisition intellectuelle était nécessaire; il fallait découvrir en quoi consiste *au juste* la société, non pas telle que la représentent les fictions légales, mais suivant sa valeur naturelle, normale. L'analyse économique a tranché ce point. Elle a montré, dans la société, purement et simplement, un échange de services des hommes entre eux, échange volontaire et fondé sur le principe de réciprocité.

Et quelles sont la source et la nature de cette réciprocité qui contient tout le droit social ? — Bien évidemment c'est le droit personnel. Le besoin individuel enfante l'effort ; la société, c'est-à-dire l'échange, fait de cet effort un service, un acte de réciprocité. Cela posé, quiconque donne doit recevoir et, *vice-versâ*, quiconque reçoit doit donner. On est libre, sans doute, de ne pas recevoir, partant de ne pas donner : dans ce cas, pas d'échange, pas de société; mais du moment qu'on accepte il faut rendre et du moment que mon service est accepté je dois recevoir. Et que dois-je recevoir ? L'équivalent de ce que j'ai donné, cela saute aux yeux. L'équivalence est donc la loi sociale de l'échange ou l'expression vraie du droit social. Or équivalence signifie-t-elle égalité des parts ou des conditions ? — Comment cela se pourrait-il puisque les services rendus sont inégaux ?...

Ainsi, le droit social ne peut point dépasser les exigences de la réciprocité et ne saurait ni créer ni annihiler aucun des droits inhérents à la personne humaine.

Le droit social ne saurait donc être légitimement autre chose que la garantie du droit individuel, et, s'il le limite, c'est à titre de concessions mutuelles, consenties pour le plus grand bien de chacun, et à charge de stricte réciprocité, sur la base du droit commun.

Le droit collectif ou social ne forme donc pas une essence, une réalité propre, il n'est que la synthèse, la somme des droits particuliers. Peut-il y avoir par exemple, un droit social de propriété faisant opposition ou préexistant au droit de propriété individuel ? — Non, car la propriété naît du travail qui est un fait essentiellement personnel. Le droit social de propriété n'existe que pour cette part des acquisitions individuelles qui est mise librement en commun, en vue de servir simultanément à tous, sous le nom de capital public[1].

Et à plus forte raison, ne saurait-il exister de droit social relativement au travail lui-même, soit pour l'imposer, soit pour l'interdire, soit pour le limiter, soit pour le garantir. Imposer le travail c'est asservir le travailleur, et voilà le principe commun de l'esclavage, de la caste et du communisme. Interdire le travail c'est violer le droit individuel de vivre et le droit commun, au profit des priviléges et monopoles, des corporations fermées et de l'autocratie gouvernementale. Limiter le travail contre la volonté du travailleur, c'est tendre à l'un des régimes ci-dessus indiqués. Enfin, garantir socialement le travail, c'est attenter à la propriété individuelle et par là même à la liberté du travail.

[1] Une partie des économistes fait dériver l'appropriation personnelle du sol de l'utilité sociale. Cela suffit en effet pour légitimer ou sanctioner — économiquement parlant — cette appropriation. L'utilité sociale ou l'intérêt général est, à proprement dire, le vrai point de vue économique. On peut ajouter qu'au point de vue moral ou juridique, la justice se résout pratiquement dans l'intérêt commun, dans la plus grande utilité sociale. Mais la légitimité d'appropriation individuelle du sol ne peut que recevoir une confirmation salutaire en se basant sur le droit individuel, qui tire la propriété du travail et qui montre que l'incarnation des résultats du travail au sol cultivé emporte la possession de ce sol, sous peine de spoliation du cultivateur. — La transmission de cette propriété par héritage ou par vente n'est qu'une évolution du droit primitif.

Mais la souveraineté du suffrage universel n'exprime-t-elle pas un assujettissement du droit individuel au droit collectif ou social ? — Nullement. Elle signifie qu'en cas de divergence d'opinions, celle du plus grand nombre doit être préférée, comme représentant une grande quantité de volontés particulières ; ce qui ne fait que confirmer la souveraineté du droit personnel. Il faut bien observer, en effet, que le pouvoir du suffrage ne saurait s'étendre sur le domaine des droits personnels, tels que liberté de conscience, liberté du travail, propriété, etc. Ces droits dominent, comme nous l'avons dit, le contrat social, et, par conséquent, l'empire des majorités, puisque ce contrat se base uniquement sur l'échange des services, et que, loin de créer le droit naturel, il n'en est que la garantie.

Ce droit reste donc intact, malgré les concessions qu'il impose et subit tour à tour. La minorité d'hier va devenir la majorité de demain. Le triomphe du vote ne résout que la question de fait actuel, il ne périme ni le droit ni la science. Le progrès procède de l'individu et s'impose peu à peu à tous. Et à mesure que les principes s'élucident et se fixent, le terrain du vote se rétrécit. Aussi voyons-nous chacun des droits essentiels de l'être humain, en religion, en politique, en morale, en économie sociale, s'affranchir de la compétence des majorités, et la démocratie prendre pour but définitif ou idéal, le *self government*, ce qui veut dire le gouvernement personnel autonome et le droit de l'initiative personnelle se substituant de plus en plus à la suprématie et même à l'action sociale.

Voilà pourquoi on considère comme plus avancées en vraie démocratie, les contrées où le rôle spontané des citoyens a réalisé le plus de conquêtes sur le gouvernementalisme, savoir les États-Unis et la Suisse.

Mais cette théorie est précisément celle qui ressort des investigations de la science économique. Et c'est en opérant exclusivement sur son domaine propre, le monde des intérêts, que la science économique a construit cette théorie.

En découvrant, par l'analyse de la vie économique, l'accord naturel d'intérêts, elle a vu que leur liberté était à la fois leur droit et le témoignage de leur solidarité.

Eh bien, la liberté des intérêts, c'est tout d'abord la liberté du travail; et le travail lui-même, scientifiquement conçu, c'est la liberté personnelle dans son activité productive et dans la possession pleine des fruits du travail, autrement dit, le droit de propriété. Or, toute l'organisation de l'économie sociale sort de ces donnés, en d'autres termes, du droit personnel, identique, dans ce domaine de faits, à la liberté du travail et à ses corollaires. Et cette liberté, loin d'aboutir au règne de l'égoïsme, oblige celui-ci, au nom du droit commun et de la loi de réciprocité, à chercher ses satisfactions dans la liberté ou le droit de tous, par l'égal échange des services.

De cette façon, la démocratie économique consacre et garantit tous les droits individuels et nationaux, et ne laisse aucun être humain ni aucune contrée en dehors de sa loi, de ses obligations mutuelles, de son DROIT.

C'est donc le *self government* universel des intérêts qui doit devenir le centre de gravité, ou la molécule organique de la démocratie moderne.

DOUZIÈME SÉANCE

Résumé. — Conclusion.

Il serait utile, avant de finir ces entretiens, d'en résumer toute la substance.

Le mouvement socialiste actuel présente deux aspects : l'un théorique, l'autre pratique.

La partie théorique du socialisme peut se ramener à trois termes : *a)* critique de l'ordre social existant; *b)* principes généraux de réforme; *c)* plans d'organisation nouvelle.

a) La critique socialiste a pour conclusion d'ensemble que les classes ouvrières sont exploitées par le capitalisme, ou, en d'autres termes, que le riche vit aux dépens du pauvre. La science économique récuse cette conclusion. Il y a une inégalité des conditions qui naît normalement et équitablement de l'inégalité des forces ou des services rendus à la société, et de l'inégalité d'aptitude à épargner ou à conserver. Cette inégalité de conditions, loin d'entraîner la spoliation du pauvre par le riche et l'exploitation du travail par le capital, est profitable à tous, comme principe de formation et de conservation des capitaux, instruments de la production générale. Mais quand l'inégalité des conditions repose, en outre, sur des priviléges légaux, contraires au droit commun, établis ou maintenus en faveur de certaines classes sociales ou de certains intérêts spéciaux, on est autorisé à dire qu'il en résulte un agrandissement factice de l'inégalité naturelle des conditions et même spoliation ou exploitation des uns par les autres.

« Mais, ajoute le socialisme, il suffit que l'inégalité soit une fois établie, de fait, pour que l'exploitation en ressorte fatalement et s'éternise. »

Réponse : Cette conclusion est erronée. En voici les raisons principales.

1° Les fortunes acquises n'enlèvent rien de leur part aux non-riches, et il y a, au contraire, plus à gagner pour ceux-ci dans le contact des riches que dans leurs rapports entre eux. Quant aux abus, au mauvais emploi, ils se rencontrent dans la pauvreté aussi bien que dans la richesse. L'ouvrier peut faire un aussi mauvais usage de son salaire que le capitaliste de ses profits.

2° La fortune se déplace vite sur le terrain du droit commun, au profit des plus méritants, et des plus économes.

b) Les principes généraux de réforme, mis en avant par le socialisme, sont donnés comme émanant de l'esprit démocratique moderne et en formant l'application rigoureuse. La science économique déclare que ces principes tournent, au contraire, le dos à la démocratie.

La démocratie moderne n'a qu'une bonne définition : le règne du droit. Mais la racine de tous le droits, c'est la liberté personnelle. La vraie démocratie est donc l'antipode du despotisme, exercé même au nom du peuple. Or, le socialisme fonde toutes ses réformes sur ce genre de despotisme. Ne croyant pas à l'harmonie naturelle des intérêts, il veut leur redressement par voie autoritaire ; il demande que la loi de l'offre et de la demande — qui est, en matière d'échange, l'équivalent du suffrage universel en politique — soit remplacée par des tarifications arbitraires, faites à l'avantage des uns contre les autres ; il ne distingue pas la propriété issue du travail de la propriété issue du privilége, et veut tout absorber entre les mains de l'Etat ; enfin, sacrifiant l'égalité véritable, celle du droit commun et des libertés personnelles, à l'égalité absolue des parts, qui est contre nature, il supprime tout mérite et toute responsabilité individuels.

Jamais un tel socialisme ne sera compatible avec le règne du droit, et loin de conduire au bien-être général, à la fraternité, il n'aboutirait qu'à la misère et à l'asservissement communs.

Il y a, sans nul doute, beaucoup de réformes à accomplir. Comme le disait récemment l'empereur : « si l'on sonde les plaies des peuples les plus florissants, on découvre encore, sous des apparences de prospérité, bien des misères imméritées, bien des problèmes non résolus qui sollicitent le concours de toutes les intelligences. » Mais ces réformes doivent être demandées à de tout autres principes que ceux du socialisme; c'est généralement dans l'élargissement de l'initiative privée, plutôt que dans l'accroissement d'action gouvernementale qu'on trouvera moyen de les obtenir.

c) Les plans utopiques d'organisation sociale, quelque différents qu'ils paraissent entre eux, sont d'avance condamnés, par cela qu'ils procèdent tous des principes ci-dessus indiqués et appréciés; l'examen de chacun de ces plans ne fait que confirmer leur répudiation générale [1].

[1] On ne saurait fournir un meilleur résumé à l'appréciation générale des utopies socialistes que la lettre, écrite à ce sujet, par un des plus illustres et des plus purs représentants de la démocratie moderne, l'abbé de Lamennais. Cette lettre date déjà de loin. Elle fut adressée au rédacteur en chef du *National*, Armand Marrast, en 1847; mais elle n'a rien perdu aujourd'hui de son actualité.

Paris, 2 mars 1847.

Vous voulez que je vous dise, Monsieur, ce que je pense des systèmes socialistes qui ont cours de notre temps. Comme vous n'entendez pas que j'entame une discussion qui dépasserait de beaucoup les bornes d'une lettre, que vous me demandez simplement mon avis personnel en peu de mots, il me sera facile de vous satisfaire.

Je ne vois guère dans les doctrines qui se sont produites jusqu'à ce jour, qu'un symptôme du besoin profond qu'é-

Telle est, en somme, la valeur théorique du socialisme passé et présent.

prouve la société d'une meilleure application de la justice à la rétribution du travail, afin d'améliorer la condition partout si déplorable encore des travailleurs. Par ce côté, on ne peut qu'applaudir aux tentatives faites pour atteindre ce but. Mais il s'en faut bien, selon moi, qu'il en soit ainsi des moyens proposés par les différentes écoles.

Je n'en connais pas une seule qui, plus ou moins directement, n'arrive à cette conclusion, que l'*appropriation* personnelle est la cause du mal auquel on cherche à remédier ; qu'en conséquence la propriété doit cesser d'être individuelle, qu'elle doit être concentrée exclusivement dans les mains de l'Etat, qui, possesseur unique des instruments de travail, organisera le travail même en attribuant à chacun la fonction spéciale et rigoureusement obligatoire pour lui, à laquelle on l'aura jugé propre, et distribuera, selon certaines règles, sur lesquelles on diffère d'ailleurs, le fruit du labeur commun.

Il m'est évident que la réalisation d'un pareil système conduirait les peuples à une servitude telle que le monde n'en a point encore vue, réduirait l'homme à n'être qu'une pure machine, un pur outil, l'abaisserait au-dessous du nègre dont le planteur dispose à son gré, au-dessous de l'animal. Je ne crois pas que jamais idées plus désastreusement fausses, plus extravagantes et plus dégradantes, soient entrées dans l'espèce humaine; et, ne méritassent-elles pas ces qualifications qui, à mes yeux du moins, ne sont que justes, il n'y en aurait point encore de plus radicalement impraticables.

Le Fouriérisme et quelques sectes issues de l'école Saint-Simonienne, non moins absurdes, à mon avis, dans leurs principes économiques, se caractérisent, en outre, par la négation plus ou moins absolue de toute morale. Je n'ai rien à dire de celles-ci. La conscience publique les a déjà jugées.

Vous m'avez demandé, Monsieur, mon sentiment; le voilà.

Recevez, etc.

F. LAMENNAIS.

Son mouvement pratique présente deux genres d'efforts distincts : l'un est l'association volontaire ou coopérative, qui tend à élever les salariés au rang de capitalistes ou à réunir dans les mêmes mains les deux agents essentiels de la production : capital et travail. Ce mode de réalisation socialiste n'offre à l'ordre social aucun danger, et peut concourir puissamment soit à l'émancipation, soit à l'éducation économique du salariat. L'autre, que nous avons appelés le socialisme militant, a pour caractère essentiel l'enrôlement des classes ouvrières dans une ligue générale contre le capital et même contre la bourgeoisie. Ce simple énoncé fait comprendre tout ce que renferme d'inconciliable avec la paix publique un pareil mouvement.

Il est inutile d'y insister de nouveau. Contentons-nous d'observer que si les efforts du socialisme militant peuvent occasionner des embarras, des troubles, des dommages considérables, il n'en saurait d'ailleurs rien sortir de favorable à l'amélioration du sort des classes ouvrières, les doctrines que ce mouvement propage et voudrait faire prévaloir étant repoussées par la raison aussi bien que par la science et par l'opinion publique.

Cependant les adeptes de ces doctrines récusent le jugement porté contre elle, en disant qu'il s'agit de choses tout à fait nouvelles, et sur lesquelles l'expérience peut seule prononcer ; que toute découverte a été d'abord taxée d'utopie, etc.

Eh bien ! que chaque système s'expérimente à ses propres risques, mais non à ceux de la société entière. La société ne veut pas être violentée ni servir de sujet d'expérimentation. Elle sait trop ce qu'il lui en a coûté d'efforts, de luttes, de souffrances pour obtenir les progrès acquis, si minces soient ils. Elle veut surtout sauvegarder le peu qu'elle possède de liberté et ne pas le sacrifier à des théories aventureuses.

Rien n'empêche, d'ailleurs, les adeptes de chaque théorie de faire les frais de son essai. Que les communistes fondent une commune modèle, les mutuellistes une banque d'échange, les fouriéristes un phalanstère, etc.

Pourquoi, en outre, les associations ouvrières qui réussissent ne poussent-elles pas plus avant la hardiesse d'innovation, si leurs membres y ont foi ? Les pionniers de Rochdale, par exemple, anciens disciples d'Owen, n'ont-ils pas déjà gagné des millions ? *l'Association internationale* n'est-elle pas assez puissante pour créer quelque type complet d'organisation socialiste ?

Tout le monde suivra avec intérêt ce genre d'essai ou d'entreprises et applaudira au dévoûment de ses promoteurs. Voilà les seuls moyens de réalisation pratique dont doive user le socialisme.

II

La science économique se présente avec un tout autre programme. Issue du concept de l'accord naturel des intérêts, elle n'a pas besoin de détruire l'ordre social existant pour l'améliorer. Elle bénéficie de tout ce que le progrès politique, juridique et social moderne a constitué, pour réaliser ses propres principes qui sont, au fond, identiques à ce progrès. Elle demande tout à la liberté, au droit commun, à l'esprit de conciliation, à la paix sociale. Aussi les solutions qu'elle fournit au problème de l'émancipation graduelle du prolétariat sont-elles plus facilement applicables et plus sûres que celles dont le socialisme se croit en possession.

On accuse cette science de pactiser avec le capital contre le travail, quand toutes ses conclusions et tous ses enseignements militent en faveur de celui-ci, et sont une revendication perpétuelle de ses droits, de sa dignité, de son exhaussement social.

Elle dit que si le salariat est la forme, pour ainsi dire forcée, *quant à présent*, de l'association du travail avec le capital, cela tient à ce que le salarié, manquant d'avances, est obligé de renoncer au partage final et à l'éventualité des profits, pour assurer sa subsistance quotidienne, au moyen d'une rémunération immédiate, qui est le salaire. Elle ajoute que cette forme d'association n'a guère moins d'inconvénients pour le capitaliste lui-même que pour l'ouvrier, sinon plus. Elle fait espérer l'avénement d'un état meilleur et y convie le travailleur par l'épargne, le chef d'entreprise par l'admission graduelle des salariés d'élite au rang d'intéressés et de tous à la participation aux profits. Elle incite, en outre, les chefs d'industrie à aller au-devant de toute réclamation légitime, à rechercher sans cesse l'amélioration physique et morale du sort de leurs coopérateurs salariés. Elle leur rappelle que succès, fortune, pouvoir, obligent, et qu'il n'y a qu'un principe légitime de prospérité et d'élévation, l'effort personnel pour un but d'utilité générale. En un mot, la science économique peut être considérée comme l'apothéose du travail.

Un témoignage saillant des puissantes destinées du travail ressort de la loi scientifique de répartition.

Le socialisme répète à outrance que la part du travail va diminuant et celle du capital grossissant, sous l'action de la libre concurrence.

C'est une erreur.

Pour conclure ainsi, on laisse d'abord de côté cette foule de hauts salariés que renferme chaque industrie et qui sont les fils de leurs œuvres. On méconnaît en outre cet accroissement du nombre des propriétaires et capitalistes qui caractérise notre siècle et qui témoigne de la rémunération de plus en plus élevée d'une foule de professions et de travaux. Mais, pour les travaux mêmes de bas degré, l'exhaussement de salaire marche d'un pas constant, tandis que le rendement des capitaux diminue d'une manière non moins sûre.

La raison en est simple et péremptoire. Les capitaux se forment incessamment et, une fois créés, durent indéfiniment, se transmettant de génération en génération. Or, l'abondance de toute chose entraîne sa diminution de valeur. Le travail n'est point dans le même cas. Inhérent aux personnes, il meurt avec elles. Donc, à la longue, l'offre du capital dépassant l'offre du travail, celui-ci doit gagner ce que celui-là perd.

Diverses circonstances affaiblissent l'action de cette loi : l'accroissement de population, l'exhaussement de prix des subsistances, résultat d'un essor continu de consommation générale; l'énergie du développement industriel moderne, qui offre un emploi plus vaste aux capitaux; les emprunts d'Etat et la spéculation de Bourse, qui détournent une autre partie de ces capitaux de la circulation économique, etc.

Néanmoins, la dite loi se réalise, quoique lentement, comme le prouvent l'abaissement du taux de l'intérêt, des profits et de la rente foncière, et l'exhaussement graduel des salaires. Seulement, cet exhaussement se fait sentir moins vite dans les travaux de main-d'œuvre élémentaire qui exigent peu d'instruction générale et de capacité professionnelle. Or, c'est précisément ce genre de travaux que représente le prolétariat.

L'indication des remèdes ressort de l'énonciation même des causes du mal.

C'est surtout le manque d'instruction qui grossit les rangs du prolétariat, comme c'est la supériorité d'instruction qui forme l'aristocratie du salariat. La diffusion de l'instruction est donc, par excellence, le moyen de changer les proportions de l'un et de l'autre, et de faire bénéficier les plus humbles ouvriers de l'accroissement de part générale du travail, qui résulte du progrès économique.

Mais il ne dépend pas du prolétaire de participer pleinement au développement de l'instruction, même pour ses enfants. Il faut ici l'aide sociale. Voilà le seul socialisme salutaire et admissible, savoir : l'organisation et le subventionnement de l'instruction populaire, tant par l'Etat que par l'initiative généreuse des classes riches.

Les Lassaliens d'Allemagne veulent obliger l'Etat à fournir 300 millions aux classes ouvrières pour créer des associations coopératives. Ce serait un capital bien vite dévoré. Qu'ils demandent à l'Etat de consacrer annuellement le tiers de cette somme à l'instruction populaire : les résultats en seraient tout autres. Ah! si la moitié de notre budget de la guerre était convertie en budget d'instruction populaire, quelle œuvre de bon socialisme se trouverait accomplie! et quel coup porté au mauvais! Quelle popularité en rejaillirait sur le chef de l'Etat! Quel gage il donnerait par là au progrès social et à la paix du monde!

Mais l'approvisionnement de capital intellectuel, quelque puissamment qu'il soit préparé, ne peut s'effectuer tout d'un coup. Il faut du temps. L'aménagement et le bon emploi du capital matériel et de toutes les forces productives existantes doivent, au préalable, y suppléer. Or, l'antagonisme entre ces forces, entre salariés et patrons, tend au but contraire : voilà pourquoi le socialisme militant retarde l'émancipation du prolétariat au lieu de l'activer.

La guerre de l'atelier est aussi destructive que celle du champ de bataille et encore plus insensée. Comprenons les grandes lois de la solidarité économique et nous ne chercherons plus le salut là où est la ruine. Soyons démocrates, c'est-à-dire soldats du droit, et la richesse pénétrera vite jusqu'aux couches les plus infimes du monde économique, conformément à cette belle parole de l'Evangile : « Cherchez d'abord la justice et le reste vous sera donné par surcroît. »

FIN.

TABLE DES MATIÈRES

www.ingramcontent.com/pod-product-compliance
Ingram Content Group UK Ltd.
Pitfield, Milton Keynes, MK11 3LW, UK
UKHW031912260826
14628UKWH00003B/1150

9 782019 702342